Don Juan Tenorio

European Masterpieces
Cervantes & Co. Spanish Classics Nº 13

General Editor:
TOM LATHROP

Don Juan Tenorio
Drama religioso-fantástico en dos partes

José Zorrilla

Edited and with notes by
CAROLYN LUKENS-OLSON
St. Michael's College

Cervantes & Co.

FIRST EDITION

Copyright © 2004 by European Masterpieces
270 Indian Road
Newark, Delaware 19711
(302) 453-8695
Fax: (302) 453-8601
www.JuandelaCuesta.com

MANUFACTURED IN THE UNITED STATES OF AMERICA

ISBN 1-58977-018-8

Table of Contents

Introduction to Students

Don Juan

DON JUAN IS ARGUABLY the most famous character born of the Spanish theater. Since his appearance in Tirso de Molina's *Burlador de Sevilla* in the early seventeenth century, the figure of Don Juan has attracted a remarkably wide variety of creative geniuses. Molière, Mozart, Flaubert, Dumas, Byron, Baudelaire, Mérimée, Pushkin, and Unamuno all took up the theme of Don Juan in their works. Dozens of others have been likewise inspired by the character of Don Juan and have helped to keep him alive in the arts, including the Chicano playwright Carlos Morton with his recent *Johnny Tenorio*. The various representations of Don Juan appear across national boundaries and artistic genres, from the Spanish Golden Age and French Classical theater in the seventeenth century to the Italian *commedia dell'arte* and German puppet shows and opera in the eighteenth century, from the musical theater and the Romantic poetry and drama of the nineteenth century to at least one Hollywood movie in the twentieth. Don Juan is as irresistible as a character to the imagination of poets and musicians as he is to the ladies in their works.

Although the artistic forms by means of which Don Juan is represented may vary widely, the fundamental theme is the same: immediate erotic desire, as the Danish philosopher, Søren Kierkegaard defines it. Don Juan lives for women. But rather than abiding with any one, as soon as he has satisfied his desire, he moves on to a new one. He leads a life of incessant movement, pursuing his insatiable longings with inimitable gusto. In Zorrilla's *Don Juan Tenorio*, the Don boasts that he takes one day to court a woman, another to have her, another to leave her, two to find her replacement, and only one hour to forget her. The account of his life is summed up in the well-known "Lista Aria" in Mozart's *Don Giovanni*, in which Leporello, the Don's servant, unfolds the list of his master's exploits, revealing to the humiliation of his latest conquest, Donna Elvira, that she is number 1,003 in Spain alone.

Don Juan mocks the universe. Not only does he mock the sense of self of the women he seduces, he mocks their fiancés, husbands, brothers and fathers.

He mocks societal norms. He even mocks religious dread. In the pursuit of satisfying his unquenchable longings, he offends public decorum and flouts the gravity of eternal justice. Despite the fact that he is a scoundrel and a moral outlaw, offending the personal integrity of those characters with whom he sports, Don Juan nonetheless works as a magnetic force, drawing women to him despite the premonition that this attraction is to their own peril. E. T. Hoffman comments with regard to the final scene of Mozart's opera that when Don Giovanni goes, so too goes the music. It is perhaps this unsettling tension between the morally offensive yet aesthetically seductive figure of Don Juan that has made him such a rich character for artistic representation.

Life of José Zorrilla

José Zorrilla y Moral was born in Valladolid, Spain on February 21, 1817 into a prominent family, and his vivid imagination and artistic talents—evident from an early age—grew as he did. Because his father was assigned various government charges, Zorrilla's family moved several times, first to Burgos, then to Seville, and finally to Madrid. In Madrid Zorrilla entered the *Real Seminario de Nobles*, a Jesuit school, where he excelled in the fine arts to the neglect of his other studies. When his father was forced to leave Madrid in 1832 due to the change of government, Zorrilla did not accompany his family. Instead, he was sent to Toledo to live with an uncle and study law at the university there. Zorrilla failed, at least in his formal classes, but Toledo, like Seville and Madrid before it, provided fertile grounds for the aspiring poet to further develop his artistic sensibility and talents. Nonetheless, when he failed his law classes at the end of the year, his father—who was bent on his son becoming a lawyer—sent him to Valladolid to try yet again to study law. And yet again, he failed at it. Deciding that this was a futile endeavor for their son, his parents decided that he should come home, but Zorrilla did not follow their wishes. Instead, he fled to the capital, where he planned to live as an artist and poet.

In Madrid Zorrilla rented a dim and ill-heated attic apartment, and—living on the little money he earned by doing magazine illustrations—he took up the life of a bohemian. His family could not condone his dissipated lifestyle and sent people to fetch him home, but Zorrilla succeeded in dodging them by masking his identity, resorting at times to wearing odd glasses or concealing his then long hair. Although Zorrilla had not established himself as a poet yet, he was living a life that allowed him to write, and notwithstanding the pain that the split with his family brought him, there was satisfaction in pursuing such a life.

His situation changed almost overnight when in 1837 he was asked to compose a poem for the wake of the poet Larra. In attendance were Madrid's *literati*, and the poem that Zorrilla delivered that day brought him instant fame. This event marked the beginning of his prolific period as a writer. In the decade that followed, he published fourteen volumes of poetry and several plays, including *Don Juan Tenorio* in 1844. His success with poetry, however, was beset with struggles in his personal life. He had married in 1839, soon after receiving his literary recognition, but this marriage brought him grief. Moreover, as the situation with his wife was growing steadily worse, both his mother and father died, in 1846 and 1849, respectively. The death of his father was particularly difficult for Zorrilla because on his deathbed his father refused to acknowledge him. Zorrilla's rejection of his family's wishes for him was met with his father's rejection of him. This deeply wounded Zorrilla, as he recorded in his *Recuerdos del tiempo viejo*, a collection of newspaper essays chronicling his life and career. The few bright moments during this otherwise bleak period of his life included trips to Europe—where he met other important writers—and the offer for him to take a place in the *Real Academia Española*. Despite the fact that this latter was an honor extended to only the very select, Zorrilla did not take the pains to see it through. Subsequently, he went into a long period of melancholy and produced very little for the next few years. Finally, wishing to distance himself from his wife and to find new surroundings from which he hoped to draw new inspiration, Zorrilla decided to travel. He went to France, England and Belgium, and then in 1854 left for Mexico, where he was employed as a court writer for the emperor Maximilian. He spent an additional year in Cuba, spending a total of twelve years away from Spain. Upon his return home in 1866, Zorrilla was warmly welcomed. He remarried—his first wife had died while he was in Mexico—and spent the next two decades in and out of Spain, doing his best to live off public lectures and his writing, which was not easily done in the nineteenth century. In 1885 he was selected again to join the *Real Academia Española*, and this time he made the effort to secure the post. In 1889 he was named Spain's national poet. Four years later, in 1893, he died.

Zorrilla was a prolific writer with a natural gift for writing verse. He worked in the three genres of lyric poetry, legends and drama. His first works were poems and legends published here and there in literary magazines, and they soon added up to several volumes. The short lyric poems number in the hundreds, and their themes and metrical forms are numerous and varied, with titles such as "A una calavera," "Un recuerdo, un suspiro," "A Toledo," and "Crepúsculo de la tarde." In his legends—in narrative or in verse—Zorrilla showed his gift for creating atmosphere, both historical and poetic, and again we find a wide range of themes. After 1839 Zorrilla composed as much drama as poetry, staging between then and 1842 no less than six plays. He wrote a number of plays of all types, from cloak and dagger plays to history plays, from *comedias* to tragedies, but *Don Juan Tenorio* (1844) is his most well-known and enduring work, and it and *Traidor, inconfeso y mártir* (1849) mark the height of his career. Other than his autobiographical *Recuerdos del tiempo viejo*, published in the Madrid newspaper *El Imparcial* between 1880 and 1883, Zorrilla produced nothing significant after 1850.

Don Juan Tenorio

José Zorrilla's Don Juan has a life much like any other Don Juan. Don Juan Tenorio, a young nobleman, wagers with a friend over which of the two can wreak more havoc in the space of a year. To do this, Tenorio leaves his homeland and travels throughout Europe in search of women, wars and duels. He finds them at every turn. No opportunity is lost to him as he piles ruse upon ruse, murder upon murder, and seduction upon seduction. When Tenorio turns to his own town of Seville as the place where he will practice his debauchery, however, the damage—now being at home—is even more palpable and egregious. His actions directly affect close friends and family members. Yet Don Juan continues to give no thought to the consequences of his deeds. Characteristic of other representations of Don Juan, Don Juan Tenorio regards himself and the satisfaction of his own desires as the only measure of his actions, paying no heed to any sense of justice, neither societal nor eternal. Tirso de Molina's famous line—"Tan largo me lo fiáis"—, in which Don Juan laughs off the idea of a final reckoning and judgment by noting how remote it is, expresses this attitude. In reality, however, it is neither as risible nor as far off as he thinks, and at the end of the play we see him in agony as he is dragged down to hell. While Zorrilla's representation of Don Juan Tenorio's life is similar to that of other Don Juans, his representation of the end of his life is unique. The difference with Don Juan Tenorio is that Zorrilla—unlike Tirso de Molina, Molière, Mozart and others—has his Don repent. In the end, Don Juan Tenorio is saved. Thus, Zorrilla's Don Juan is one of a kind.

Zorrilla took the overall plot and many details of his *Don Juan Tenorio* directly from the Don Juan tradition originating with Tirso. Those details of the play that Zorrilla did not take from this tradition came from his artistic genius, a genius which reflects above everything the short-lived Spanish romanticism of the first half of the nineteenth century. Romanticism was in part a reaction to the narrow rationalism and strict precepts of programmatic eighteenth-century neo-classicism; it is, thus, marked by an aesthetic that embraces expansiveness, written with and intending to evoke intense, extreme emotions and abandon. Passion, mystery and the exotic are valued over the dull pragmatics of the here and the now, and the forces of nature are again something to be felt and even tapped. This was fertile ground in which to plant a new Don Juan.

In the spirit of much romantic literature, Jose Zorrilla looked back several centuries in choosing a time period for his *Don Juan Tenorio*, and language is the primary vehicle through which he creates the *Siglo de Oro* ambience. Thus, for Zorrilla's contemporaries, much of this language was archaic, as were various other details, such as the swashbucklers. A correlate example would be for a twentieth-century British author to write his own version of *Hamlet* and to use sixteenth century idiomatic expressions, poetic structures and language from Shakespeare's day to give it the Renaissance feel. In fact, in *Rosencrantz and Guildenstern are Dead*—a play spun from two characters in *Hamlet* and written in 1967—the North American dramatist Tom Stoppard uses these same techniques at intervals throughout the play; each "thou," "wherefore," and "my liege" transports us back hundreds of years, as do other details. The list of expressions in the next section as well as other notes will help prepare readers for the archaic language in this text.

Language notes

This edition, as do all volumes in this series, offers correspondences in American English of all vocabulary and idioms judged to present potential lexical difficulties. Each is marked with the superscript "°" at its end and, in the case of a phrase, by an apostrophe at its beginning as well, and the English correspondences are written in the parallel right-hand margin. All glossed words—which are translated only the first time they appear in the text—are collected into a Spanish-English glossary at the end of the work. Particularly convoluted sentences are translated in footnotes. Furthermore, explanations and details are provided for key cultural points that would have been known to Zorrilla's nineteenth-century Spanish audience but not necessarily to North American readers over a century later. These features are intended to result in a more thorough and profound approximation to the text.

The Spanish of *Don Juan Tenorio* is not particularly difficult for North American readers except for the fact noted above that Zorrilla wrote *Don Juan Tenorio* in the nineteenth century but set it several hundred years earlier. Thus, there is a multitude of expressions and a few grammar points in this text with which readers unfamiliar with earlier Spanish will struggle. One method employed to help readers was to put in bold and give in modern Spanish those words easily comprehended when modernized, for example "usted" for "vuesa merced," "donde" for "do," and "hace" for "ha." Another is to list here those expressions—several of which are common euphemisms, some still in usage—repeated throughout the text to alert readers to their presence. ¡Voto a Dios! and its euphemisms: ¡Voto a bríos! ¡Voto a tal!; ¡Por Dios! and its euphemism: ¡Pardiez!; ¡Cielo(s)!; ¡Cielo santo!; ¡Cuerpo de tal!; ¡Mil demonios!; ¡Santo Dios!; ¡Supremo Dios; ¡Válgame Dios!; ¡Válgame Cristo; ¡Virgen Santa!; ¡Santa Madona; ¡Por la Cruz de San Andrés!; ¡Por la virgen del Pilar; ¡Virgen María!; ¡Qué mil rayos; ¡Qué diablos!; ¡Viven los cielos!; ¡Ánimas del purgatorio!; ¡por vida de Barrabás!; ¡por San Ginés! among others. The religious origin of the majority of these expressions is apparent.

Versification

Zorrilla implements a variety of metrical combinations in *Don Juan Tenorio*, and all but the *romance* (verses eight-syllables in length that use vowel rhyme [**ella**, **sea**, **ciega**, **acepta**]) depend on consonantal-, or full-rhyme schemes. The resulting sonorous quality, the easily-memorized verses, and the full and sometimes facile rhyme schemes (*perentorio* and *Tenorio*, for example) contribute to the play's perennially popular appeal.

The most common form Zorrilla uses is the *redondilla*, a stanza of four octosyllabic verses of consonant rhyme, which he employs either in its *abrazada* form (ABBA) or its *encadenada* form (ABAB.) Nearly two-thirds of the play is written in *redondillas*. The dashes in this example from Don Juan's first lines indicate syllabic divisions, and the bold indicates the rhyme scheme:

Cual/ gri/ta/n e/sos/ mal/**di**/**tos**	a	8
pe/ro/ mal/ra/ya/ me/ **par**/**ta**	b	8
si en/con/clu/yen/do/ la/ **car**/**ta**	b	8
no /pa/gan/ ca/ros/ sus/ gri/**tos**!	a	8

Another fourth of the play comes in the form of *décimas* and *romances* in roughly equal proportions. Verses in *romance* have eight syllables, are grouped in stanzas of varying lengths and typically have asonant rhyme on even verses and blank rhyme on odd. Zorrilla rhymes even verses with the vowels "e" or "a" or an "é-a" combination, such as in these verses from 1.1.10.:

300   Pues todo en contra se arriesga;
porque no hay como Tenorio
otro hombre sobre la tierra,
y es provervia su fortuna
y extremadas su empresas.

A *décima* is the ten-line stanza of classical Spanish verse and has the rhyme scheme ABBAACCDDC, also in octosyllables. The following example in Don Juan's lines from 1.4.3. is its first occurrence here:

Es/ta au/ra /que /va/ga/, lle**/na**	a	8
2175 de/ los/ sen/ci/llo/s o/**lo/res**	b	8
de/ la/ cam/pe/si/nas/ flo**/res**	b	8
que/ bro/ta e/sa o/ri/lla a/me**/na**;	a	8
e/sa a/gua/ lim/pia y/ se/re**/na**	a	8
que a/tra/vie/sa/ sin/ te/**mor**	c	7+1 = 8
2180 la/ bar/ca/ del/ pes/ca/**dor**	c	7+1 = 8
que es/pe/ra/ can/tan/do el/ dí**/a**,	d	8
no es/ cier/to/, pa/lo/ma/ mí**/a**,	d	8
que es/tán/ res/pi/ran/do a/**mor**?	c	7+1 = 8

With few exceptions, *quintillas*, *octavillas* and *ovillejos* make up the rest of the verses. As indicated in the diminutive suffix *(-illa)* on their names, the first two are distinguished by verses of *arte menor* and have the corresponding number of verses, five or eight, in the stanza. Zorrilla varies the metrical patterns of his *quintillas*, using either ABBAB, ABABA, ABAAB, or AABBA. Here's an example of the *quintilla* in the ABAAB pattern:

441 Pues, señor, yo desde aq**uí**	a	
buscando mayor espac**io**	b	
para mis hazañas, d**i**	a	
sobre Italia, porque all**í**	a	
tiene el placer un palac**io**.	b	

His *octavillas* all follow the ABBCDEEC pattern:

¡Bah! Pobre garza enjaul**ada**	a	
dentro la jaula nac**ida**,	b	

¿qué sabe ella si hay más **vida**	b
ni más aire en que vol**ar**?	c
Si no vio nunca sus plum**as**	d
del sol a los resplandor**es**,	e
¿qué sabe de los color**es**	e
de que se puede ufan**ar**?	c

The *ovillejo* has a distinctly uneven form. The first, third and fifth verses are octosyllabic and each followed by a *pie quebrado* ("broken" or short line.) The last four verses come in the form of a *redondilla* of three octosyllabic verses and a final verse incorporating the previous verses of *pie quebrado*, as indicated by the italics in this example from 1.2.6.

	DON LUIS:	¿Me das, pues, tu asentimiento?	a
	DOÑA ANA:	Consiento	a
	DON LUIS:	¿Complácesme de ese modo?	b
1145	DOÑA ANA:	En todo.	b
	DON LUIS:	Pues te velaré hasta el día.	c
	DOÑA ANA:	Sí, Mejía.	c
	DON LUIS:	Páguete el cielo, Ana mía,	c
		satisfacción tan entera.	d
1150	DOÑA ANA:	Porque me juzgues sincera,	d
		consiento en todo, Mejía.	c

Here, in as much as they represent the *pie quebrado* verses of an *ovillejo* stanza, the short verses 2, 4, and 6 do not join in the meter of the previous or following verses; they stand alone. This is not the case in the rest of the play with the short lines. In these cases, which abound in *Don Juan Tenorio*, two or more lines combine in order to fulfill the verse requirements of rhyme and meter. These will be apparent by syllabic count, such as in the two examples below. In this *redondilla* in the ABBA pattern from 1.1.12 we see two metrical verses composed of more than one line, the first composed of three lines and the second, of four, as indicated in bold.

DON JUAN:	¿Nunca?		
DON DIEGO:	No.		
DON JUAN:	Cuando me cuadre.	a	8

(combination of 3 lines)

DON DIEGO:	¿Cómo?		
DON JUAN:	Así.		
TODOS:	¡Don Juan!		
DON JUAN:	¡Villano!	b	8

(combination of 4 lines)

DON DIEGO:	¡Me has puesto en la faz la mano!	b	8

(one line)

DON JUAN:	¡Válgame Cristo, mi padre!	a	8

(one line)

Additional examples, yet of only two lines, come in an *ovillejo* from 1.2.7. that is one of the most metrically-varied stanzas of the entire text. The short lines which combine to form one metrical verse are in bold here, too, and the italics at the end show that this verse repeats the words of the three previous *pie quebrado* verses.

	DON JUAN:	Mas se acercan. ¿Quién va allá?	a
		Quien va.	a
	DON LUIS:	De quien va así ¿qué se infiere?	b
1165	DON JUAN:	Que quiere.	b
	DON LUIS:	¿Ver si la lengua le arranco?	c
	DON JUAN:	El paso franco.	c
	DON LUIS:	Guardado está.	
	DON JUAN:	¿Y soy yo manco?	c
	DON LUIS:	Pidiéraislo en cortesía.	d
	DON JUAN:	¿Y a quién?	
1170	DON LUIS:	A don Luis Mejía.	d
	DON JUAN:	*Quien va quiere el paso franco.*	c

Finally, the stanzas distribute as follows. *Redondillas* verses 1-72; 103-254; 381-

440; 696-1141; 1202-1249; 1346-1365; 1426-1433; 1548, 1648; 1732-1771; 1798-
1909; 2026-2173; 2224-2447; 2564-2923; 3114-3217; 3228-3491; 3512-3599;
3644-3727; 3738-3765; *Romances* verses 255-380; 1434-1547; 1910-2025; 2448-
2563; *Décimas* verses 2174-2223; 2924-3113; 3492-3511; 3766-3815; *Quintillas*
verses 73-102; 441-695; 1778-1797; 3218-3227; 3728-3737; *Octavillas* verses
1250-1345; 1649-1731 (alternate with *redondillas*); *Ovillejos* verses 1142-1201;
1366-1425 and *versos sueltos* (1120-1121); *versos octasílabos* (1772-1777); and
cuartetos endecasílabos (3600-3643.)

Sources

I consulted three modern editions of *Don Juan Tenorio* during the preparation of
this one: those by Aniano Peña (Madrid: Cátedra, 2000) upon which I relied
heavily for the biographical details, David T. Gies (Madrid: Clásicos Castalia,
1994), and Luis Fernández Cifuentes (Barcelona: Crítica, 1993.) This edition
reflects the modernized spelling, punctuation and capitalization chosen by the
above editors. In addition, I referred to the facsimile edition of José Zorrilla's
hand-written manuscript (Madrid: Real Academia Española, 1974) and
consulted William I. Oliver's superb translation into English of *Don Juan Tenorio*,
which may be found in Oscar Mandel's *The Theatre of Don Juan: A Collection of
Plays and Views, 1630-1963* (Lincoln: University of Nebraska Press, 1963.)

Don Juan Tenorio

Drama religioso-fantástico
en dos partes

José Zorrilla

Hostería de Cristófano Buttarelli

Puerta en el fondo que da a la calle. Buena pieza y demás utensilia propios de semejante lugar.

——— Escena 1ª ———

Don Juan con antifaz, sentado a una mesa escribiendo. Ciutti y Buttarelli a un lado esperando. Al levantarse el telón se ven pasar por la puerta del fondo máscaras, estudiantes, y pueblo con hachones, música &.

Don Juan —— ¡Cuál gritan esos malditos!
pero ¡mal rayo me parta
si en concluyendo la carta,
no pagan caro sus gritos!
(sigue escribiendo)

Buttarelli (a Ciutti) — ¡Buen Carnaval!
Ciutti (a Buttarelli) — Buen agosto
para rellenar la arquilla.
Buttarelli — Corre ahora por Sevilla
poco gusto y mucho mosto.
Ni caen aquí buenas piezas
que toreras mal miradas
por gentes acomodadas
y atropelladas á veces.
Ciutti — Pero hoy
Buttarelli — Hoy no entra en la cuenta
Ciutti: se ha hecho buen trabajo.
Ciutti — ¡Chist! habla un poco más bajo
que mi señor se impacienta
pronto.
Buttarelli — ¿A su servicio estás?
Ciutti — Ya ha un año.
Buttarelli — ¿Y qué tal te sale?

ACT I, SCENE I

Personas

DON JUAN TENORIO
DON LUIS MEJÍA
DON GONZALO DE ULLOA, *comendador°de Calatrava*[1]   commander
DON DIEGO TENORIO
DOÑA INÉS DE ULLOA
DOÑA ANA DE PANTOJA
CRISTÓFANO BUTTARELLI
MARCOS CIUTTI
BRÍGIDA
PASCUAL
EL CAPITÁN CENTELLAS
DON RAFAEL DE AVELLANEDA
LUCÍA
LA ABADESA° DE LAS CALATRAVAS DE SEVILLA   abbess
LA TORNERA° DEL CONVENTO   gatekeeper
GASTÓN
MIGUEL
UN ESCULTOR
DOS ALGUACILES,° 1 Y 2   watchmen
UN PAJE° *(que no habla)*   page
LA ESTATUA DE DON GONZALO (*él mismo*)
LA SOMBRA DE DOÑA INÉS (*ella misma*)

CABALLEROS, SEVILLANOS, ENCUBIERTOS,[2]
CURIOSOS, ESQUELETOS, ESTATUAS, ÁNGELES,
SOMBRAS, JUSTICIA y PUEBLO.

La acción en Sevilla por los años de 1545, últimos del Emperador
Carlos V. Los cuatro primeros actos pasan en una sola noche.[3]
Los tres restantes, cinco años después, y en otra noche.

---

[1] The order of Calatrava, the oldest and most prestigious of Spain's four military orders, was founded in the twelfth century by Cistercian monks to fight Moorish invaders. The Commander holds the highest rank.

[2] The *encubiertos* have their faces fully or partially covered by masks. See note 3.

[3] These first four acts take place on a night of carnival, complete with costumes, torches and other festive decorations and props. Carnival is celebrated as the period of excess—think *Mardi Gras*—before Lent, the forty days of abstinence preceding Easter.

Parte primera

Acto Primero

LIBERTINAJE° Y ESCÁNDALO — licentiousness

Hostería° de Cristófano Buttarelli. Puerta en el fondo que da a la calle: mesas, jarros y demás utensilios propios de semejante° lugar. — inn; such a

ESCENA PRIMERA

DON JUAN, *con antifaz,° sentado a una mesa escribiendo.* BUTTARELLI *y* CIUTTI, *a un lado esperando. Al levantarse el telón,° se ven pasar por la puerta del fondo máscaras, estudiantes y pueblo con hachones,° músicas, etc.* — mask; curtain; large torches

DON JUAN:	¡Cuál° gritan esos malditos!	**= cómo**
	Pero ¡'mal rayo me parta°	strike me down
	si en concluyendo la carta	
	no pagan caros sus gritos!	
	(Sigue escribiendo.)	
BUTTARELLI:	*(A Ciutti.)*	
	Buen carnaval.	
CIUTTI:	*(A Buttarelli.)* Buen agosto[4]	
	para rellenar la arquilla.°	coffer
BUTTARELLI:	¡Quiá!° Corre ahora por Sevilla	Ha!
	poco gusto y mucho mosto.[5]	
	Ni caen aquí buenos peces,[6]	
	que son casas mal miradas	
	por gentes acomodadas,	
	y atropelladas° a veces.	ruined
CIUTTI:	Pero hoy…	
BUTTARELLI:	Hoy 'no entra en la cuenta,°	doesn't count
CIUTTI:	Se ha hecho buen trabajo.	
CIUTTI:	¡Chist!° Habla un poco más bajo,	Hush!
	que mi señor se impacienta	
	pronto.	
BUTTARELLI:	¿A su servicio estás?	
CIUTTI:	Ya ha° un año.	**= hace**

[4] *Buen agosto* to fill their coffer means it's a good time to make money.
[5] "Little taste and lots of green wine."
[6] A reference to *peces gordos*, important or wealthy people.

BUTTARELLI:	¿Y qué tal te sale?	
CIUTTI:	No hay prior° que se me iguale;	parson
20	tengo cuanto quiero, y más.	
	Tiempo libre, bolsa llena,	
	buenas mozas° y buen vino.	girls
BUTTARELLI:	¡Cuerpo de tal,[7] qué destino!	
CIUTTI:	*(Señalando a don Juan.)*	
	Y todo ello 'a costa ajena.°	at another's expense
BUTTARELLI:	Rico, ¿eh?	
25 CIUTTI:	Varea la plata.[8]	
BUTTARELLI:	¿Franco?	
CIUTTI:	Como un estudiante.	
BUTTARELLI:	¿Y noble?	
CIUTTI:	Como un infante.°	prince
BUTTARELLI:	¿Y bravo?	
CIUTTI:	Como un pirata.	
BUTTARELLI:	¿Español?	
CIUTTI:	Creo que sí.	
BUTTARELLI:	¿Su nombre?	
30 CIUTTI:	'Lo ignoro,° en suma.	I don't know it
BUTTARELLI:	¡Bribón!° ¿Y dónde va?	knave
CIUTTI:	Aquí.	
BUTTARELLI:	'Largo plumea.°	He pens a lot.
CIUTTI:	Es gran pluma.	
BUTTARELLI:	¿Y a quién 'mil diablos° escribe	in the devil
	tan cuidadoso y prolijo?°	much
CIUTTI:	A su padre.	
35 BUTTARELLI:	¡'Vaya un hijo!°	What a son!
CIUTTI:	Para el tiempo en que se vive	
	es un hombre extraordinario.	
	Mas ¡silencio!	
DON JUAN:	*(Cerrando la carta.)* 'Firmo y plego.°	Signed and folded
	¿Ciutti?	
CIUTTI:	¿Señor?	
DON JUAN:	Este pliego°	folded note
40	irá dentro del orario°	prayer book
	en que reza° doña Inés	prays
	a sus manos a parar.°	end up
CIUTTI:	¿Hay respuesta que aguardar?°	wait for

[7] Expression of surprise.
[8] "He metes out his silver." He measures it by an arm's length.

DON JUAN:	Del diablo con guardapiés°	petticoat
45	que la asiste, de su dueña°	female chaperone
	que mis intenciones sabe,	
	recogerás° una llave,	you will collect
	una hora y una seña;°	signal
	y más ligero que el viento	
	aquí otra vez.	
50	CIUTTI: Bien está. *(Vase.)*	

ESCENA II

DON JUAN, BUTTARELLI

DON JUAN: *Cristófano, vieni quá.*
BUTTARELLI: *Eccellenza!*
DON JUAN: *Senti.*
BUTTARELLI: *Sento.*
        Ma ho imparato il castigliano,
        se è più facile al signor
        la sua lingua...[9]
55   DON JUAN: Sí, es mejor:
        lascia dunque il tuo toscano,
        y dime: ¿don Luis Mejía
        ha venido hoy?
BUTTARELLI: Excelencia,
        no está en Sevilla.
DON JUAN: ¿Su ausencia
60   dura en verdad todavía?
BUTTARELLI: Tal creo.
DON JUAN: ¿Y noticia alguna
        no tienes de él?
BUTTARELLI: ¡Ah! Una historia
        me viene ahora a la memoria
        que os podrá dar...
DON JUAN: ¿Oportuna°   Does it shed
        luz sobre el caso?
65   BUTTARELLI: Tal vez.

[9] Buttarelli is Italian. The conversation in lines 51-55 translates: Cristófano, come here./Your excellency./Listen./I'm listening./But I learned Spanish,/ if it's is easier for sir/his own language .../Yes, that's better;/Drop your Tuscan, then,/.... The translations from Italian in this footnote and footnote fourteen are courtesy of Amy Chambless.

DON JUAN: Habla, pues.

BUTTARELLI: *(Hablando consigo mismo.)*

　　　　　　　　No, no me engaño:°   I'm not mistaken

　　　　　　　　esta noche 'cumple el año,°   it's been one year

　　　　　　　　lo había olvidado.

DON JUAN:　　　　　　　　　¡Pardiez!°   = ¡**Por Dios!**

　　　　　　　　¿Acabarás con tu cuento?

70　BUTTARELLI: Perdonad, señor: estaba

　　　　　　　　recordando el hecho.

DON JUAN:　　　　　　　　　　¡Acaba,

　　　　　　　　vive Dios,! que me impaciento.

BUTTARELLI: Pues es el caso, señor,

　　　　　　　　que el caballero Mejía

75　　　　　　　　por quien preguntáis, dio° un día   ended up

　　　　　　　　en la ocurrencia peor

　　　　　　　　que ocurrírsele podía.

DON JUAN: 'Suprime lo al hecho extraño;°   spare the details

　　　　　　　　'que apostaron me es notorio°   I know they bet

80　　　　　　　　a quién haría en un año

　　　　　　　　con más fortuna más daño

　　　　　　　　Luis Mejía y Juan Tenorio.

BUTTARELLI: ¿La historia sabéis?

DON JUAN:　　　　　　　　　Entera;

　　　　　　　　por eso te he preguntado

　　　　　　　　por Mejía.

85　BUTTARELLI:　　　　　　　　¡Oh! me pluguiera[10]   I would like

　　　　　　　　que la apuesta° se cumpliera,°   bet, be fulfilled

　　　　　　　　que pagan bien y 'al contado.°   in cash

DON JUAN: ¿Y no tienes confianza

　　　　　　　　en que don Luis a esta cita

　　　　　　　　acuda?°   will go

90　BUTTARELLI:　　　¡Quiá! 'ni esperanza:°   there's no hope

　　　　　　　　el fin del plazo se avanza

　　　　　　　　y estoy cierto que maldita°   damned

　　　　　　　　la memoria que ninguno

　　　　　　　　guarda de ello.

DON JUAN:　　　　　　　　　Basta ya.

　　　　　　　　Toma.[11]

---

[10] This use of the imperfect subjunctive of *placer* is associated with the age in which the play is dated, not written, as are most of the other anachronisms of the work.

[11] *Toma* is said when handing something to someone, like our "Here." The

BUTTARELLI:	¡Excelencia! *('Saluda profundamente.)°*	he bows deeply

95
                           ¿Y de alguno
de ellos sabéis vos?

DON JUAN: Quizá.

BUTTARELLI: ¿Vendrán, pues?

DON JUAN: Al menos uno;
mas por si acaso los dos
dirigen aquí sus huellas°   tracks

100
el uno del otro 'en pos,°   after
tus dos mejores botellas
prevénles.°   serve them

BUTTARELLI: Mas°...   But...

DON JUAN: ¡Chito°...! Adiós.   Hush!

ESCENA III

BUTTARELLI: ¡Santa Madona! De vuelta
Mejía y Tenorio están

105
sin duda...y recogerán
los dos la palabra suelta.[12]
¡Oh! sí, ese hombre tiene traza°   look
de saberlo a fondo. *(Ruido dentro.)*
                 ¿Pero
qué es esto? *(Se asoma° a la puerta.)*   looks out

110
                ¡Anda! ¡El forastero°   stranger
está riñendo° en la plaza!   fighting
¡Válgame Dios! ¡Qué bullicio!°   uproar
Cómo 'se le arremolina°   crowds about him
chusma°...! ¡Y cómo la acoquina°   mob, terrifies
él solo... ! ¡Puf! ¡Qué estropicio!°   racket

115
¡Cuál corren delante de él!
No hay duda, están en Castilla[13]
los dos, y anda ya Sevilla
toda revuelta.° ¡Miguel!   stirred up

ESCENA IV

BUTTARELLI, MIGUEL

"something," in this case, is money.

[12] "Both will take up where they left off."

[13] Seville belonged to the kingdom of Castille in the sixteenth century.

MIGUEL:	*¿Che comanda?*
BUTTARELLI:	*Presto, qui*

120   *servi una tavola, amico:*
e del Lacryma più antico
porta due buttiglie.

MIGUEL:	*Sì,*

signor padron.

BUTTARELLI:	*Micheletto,*

apparechia in carità
125   *lo più ricco que si fa,*
afrettati!

MIGUEL:	*Gia mi afretto,*

signor padrone.[14] (Vase.)

ESCENA V

BUTTARELLI, DON GONZALO

DON GONZALO:	Aquí es.

       ¿Patrón?

BUTTARELLI:	¿Qué se ofrece?
DON GONZALO:	Quiero

hablar con el hostelero.

130   BUTTARELLI: Con él habláis; decid, pues.
DON GONZALO: ¿Sois vos?

BUTTARELLI:	Sí, mas despachad,°	hurry

que estoy de priesa.°   = **prisa**

DON GONZALO:	En tal caso	

ved si es 'cabal y de paso°   worthy
esa dobla° y contestad.   doubloon

BUTTARELLI:	¿Oh, excelencia!

135   DON GONZALO: ¿Conocéis
a don Juan Tenorio

BUTTARELLI:	Sí.

DON GONZALO: ¿Y es cierto que tiene aquí
hoy una cita?

BUTTARELLI:	¡Oh! ¿seréis

vos el otro?

[14] What would you like?/Quickly/serve a table here, friend/and of the oldest *Lachryma*/bring two bottles./Yes,/sir patron. Micheletto/prepare, please/the best that is made here,/hurry!/I'm already hurrying, sir patron." *Lachryma Christi*—tears of Christ, its Latin name—is a famous wine made in central Italy.

DON GONZALO: ¿Quién?
BUTTARELLI: Don Luis.
140 DON GONZALO: No; pero estar me interesa
en su entrevista.
BUTTARELLI: Esta mesa
les preparo; si os servís
en esotra colocaros,°   seat yourself
podréis presenciar la cena
145   que les daré… ¡Oh! será escena
que espero que ha de admiraros.
DON GONZALO: Lo creo.
BUTTARELLI: Son sin disputa
los dos mozos° más gentiles°   young men, noble
de España.
DON GONZALO: Sí, y los más viles
también.
150 BUTTARELLI: ¡Bah! 'se les imputa°   they are accused of
cuanto malo se hace hoy día;
mas la malicia lo inventa,
pues nadie paga su cuenta
como Tenorio y Mejía.
DON GONZALO: ¡Ya!
155 BUTTARELLI: Es afán de murmurar,°   urge to gossip
porque conmigo, señor,
ninguno lo hace mejor,
y bien lo puedo jurar.
DON GONZALO: No es necesario; mas…
BUTTARELLI: ¿Qué?
160 DON GONZALO: Quisiera yo ocultamente
verlos, y sin que la gente
me reconociera.
BUTTARELLI: A fe
que eso es muy fácil, señor.
Las fiestas de carnaval
165   al hombre más principal
permiten, sin deshonor
de su linaje, servirse
de un antifaz, y bajo él,
¿quién sabe hasta descubrirse
170   'de qué carne es el pastel?[15]

---

[15] "… what meat is in the pie?"

DON GONZALO: Mejor fuera en 'aposento
contiguo°...   adjoining room
BUTTARELLI: Ninguno cae
aquí.
DON GONZALO: Pues entonces trae
el antifaz.
BUTTARELLI: Al momento.

ESCENA VI

175 DON GONZALO: No cabe en mi corazón
que tal hombre pueda haber
y no quiero cometer
con él una sinrazón.°   injustice
Yo mismo indagar° prefiero   look into
180 la verdad..., mas a ser cierta
la apuesta, primero muerta
que esposa suya la quiero.
No hay en la tierra interés
que si la daña me cuadre;[16]
185 primero seré buen padre,
buen caballero después.
Enlace° es de gran ventaja,   match
mas no quiero que Tenorio
del velo del desposorio
190 la recorte una mortaja.[17]

ESCENA VII

DON GONZALO; BUTTARELLI, *que trae un antifaz*

BUTTARELLI: Ya está aquí.
DON GONZALO: Gracias, patrón:
¿tardarán mucho en llegar?
BUTTARELLI: Si vienen no han de tardar:
cerca de las ocho son.
195 DON GONZALO: ¿Esa es hora señalada?
BUTTARELLI: 'Cierra el plazo,° y es asunto   The time is up
de perder quien no esté a punto

[16] Roughly, "The world will mean nothing to me if he harms her." One of several marked cases of hyperbaton.
[17] "... to make a funeral shroud from her wedding veil."

de la primer campanada.°   toll of the bell

DON GONZALO: Quiera Dios que sea una chanza,°   joke

200   y no lo que se murmura.

BUTTARELLI: No tengo aún por muy segura
               de que cumplan, la esperanza;
               pero si tanto os importa
               lo que ello sea saber,

205   pues la hora está al caer,
               la dilación° es ya corta.   delay

DON GONZALO: Cúbrome, pues, y me siento.

*(Se sienta en una mesa a la derecha
y se pone el antifaz.)*

BUTTARELLI: *(Curioso el viejo me tiene
               del misterio con que viene

210   y no me quedo contento
               hasta saber quién es él.)*

(Limpia y trajina,° mirándole 'de reojo.°)   he bustles about,
                                                   suspiciously

DON GONZALO: *(¡Que un hombre como yo tenga
               que esperar aquí y se avenga°   goes along
               con semejante papel!

215   En fin, me importa el sosiego°   calm
               de mi casa y la ventura°   future
               de una hija sencilla y pura,
               y no es para echarlo a juego.)*

ESCENA VIII

DON GONZALO, BUTTARELLI,
DON DIEGO, *la puerta del fondo*

DON DIEGO: La 'seña está terminante;°   signal is clear

220   aquí es: bien me han informado;
               llego, pues.

BUTTARELLI: ¿Otro embozado?[18]

[18] Someone with his face partially covered by a raised collar, wrap, or hood to mask his identity. Buttarelli says "otro" because he encounters yet another man hiding his identity, if not wearing a mask.

DON DIEGO:	¡Ha de esta casa!¹⁹
BUTTARELLI:	Adelante.
DON DIEGO:	¿La hostería del Laurel?
BUTTARELLI:	En ella estáis, caballero.
225 DON DIEGO:	¿Está en casa el hostelero?
BUTTARELLI:	Estáis hablando con él.
DON DIEGO:	¿Sois vos Buttarelli?
BUTTARELLI:	Yo.
DON DIEGO:	¿Es verdad que hoy tiene aquí Tenorio una cita?
BUTTARELLI:	Sí.
DON DIEGO:	¿Y ha acudido a ella?
230 BUTTARELLI:	No.
DON DIEGO:	¿Pero acudirá?
BUTTARELLI:	No sé.
DON DIEGO:	¿Le esperáis vos?
BUTTARELLI:	Por si acaso venir le place.°
DON DIEGO:	En tal caso yo también le esperaré.

(Se sienta en el lado opuesto a don Gonzalo)

235 BUTTARELLI:	¿Que os sirva vianda° alguna queréis mientras?
DON DIEGO:	No: tomad. *(Dale dinero.)*
BUTTARELLI:	¡Excelencia!
DON DIEGO:	Y excusad conversación importuna.°
BUTTARELLI:	Perdonad.
DON DIEGO:	Vais perdonado: dejadme pues.
240 BUTTARELLI:	(¡Jesucristo! En toda mi vida he visto hombre más malhumorado.°)
DON DIEGO:	(¡Que un hombre de mi linaje° descienda a 'tan ruin mansión!°
245	Pero no hay humillación a que un padre no se baje

Marginal glosses:
- venir le place.° — pleases him
- vianda° — food
- importuna.° — pestering
- malhumorado.° — bad-tempered
- linaje° — rank
- 'tan ruin mansión!° — such a low place

---

¹⁹ Former way to ask permission to enter a home: ¿Hay de/en esta casa?, like our "Is anyone home?"

por un hijo. Quiero ver
por mis ojos la verdad
y el monstruo de liviandad°   lewdness
250   a quien pude 'dar el ser.°)   bring into being

(Buttarelli, que anda arreglando sus trastos,°   utensils
contempla desde el fondo a don Gonzalo y a
don Diego, que permanecerán embozados y en
silencio.)

BUTTARELLI: ¡Vaya un par de hombres de piedra!
Para éstos sobra mi abasto;[20]
mas, ¡pardiez,! pagan el gasto
que no hacen, y así se medra.°   prosper

ESCENA IX

BUTTARELLI, DON GONZALO, DON DIEGO,
EL CAPITÁN CENTELLAS, DOS CABALLEROS,
AVELLANEDA

255   AVELLANEDA: Vinieron, y os aseguro
que se efectuará la apuesta.
CENTELLAS: Entremos, pues. ¡Buttarelli!
BUTTARELLI: Señor capitán Centellas,
¿vos por aquí?
CENTELLAS: Sí, Cristófano.
260   ¿Cuándo aquí, sin mi presencia,
tuvieron lugar las orgias°   revels
que 'han hecho raya° en la época?   left a mark
BUTTARELLI: Como ha tanto tiempo ya
que no os he visto.
CENTELLAS: Las guerras
265   del Emperador, a Túnez[21]
me llevaron; mas mi hacienda
me vuelve a traer a Sevilla;
y, según lo que me cuentan,
llego 'lo más a propósito°   just in time

[20] "My provisions are more than enough for them." In other words, they are not
eating or drinking at all.

[21] Refers to the military campaigns of Charles V against pirates attacking the
Spanish and Italian coasts.

270	para renovar añejas°	old
	amistades. Conque apróntanos°	bring us
	luego unas cuantas botellas,	
	y en tanto que humedecemos°	wet
	la garganta, verdadera	
275	relación haznos de un lance°	wager
	sobre el cual hay controversia.	
BUTTARELLI:	Todo se andará, mas antes	
	dejadme ir a la bodega.°	wine cellar
VARIOS:	Sí, sí.	

ESCENA X

DICHOS, *menos* BUTTARELLI

CENTELLAS:	Sentarse,[22] señores,	
280	y que siga Avellaneda	
	con la historia de don Luis.	
AVELLANEDA:	No hay ya más que decir de ella	
	sino que creo imposible	
	que la de Tenorio sea	
285	más endiablada,° y que apuesto°	diabolical, I bet
	por don Luis.	
CENTELLAS:	Acaso° pierdas.	Perhaps
	Don Juan Tenorio se sabe	
	que es la más mala cabeza	
	del orbe,° y no hubo hombre alguno	orbit (world)
290	que aventajarle° pudiera	outdo him
	con sólo su inclinación;	
	conque ¿qué hará si se empeña?°	he sets his mind to s.thing
AVELLANEDA:	Pues yo sé bien que Mejía	
	las ha hecho tales, que 'a ciegas°	blindly
295	se puede apostar por él.	
CENTELLAS:	Pues el capitán Centellas	
	pone por don Juan Tenorio	
	cuanto tiene.	
AVELLANEDA:	Pues se acepta	
	por don Luis, que es muy mi amigo.	
300	CENTELLAS:	Pues todo en contra se arriesga;°	is at risk

---

[22] "Vosotros" (Informal, plural) form of "siéntense." Infinitive used as command.

porque no hay como Tenorio
otro hombre sobre la tierra,
y es proverbial su fortuna
y extremadas sus empresas.   deeds

ESCENA XI

DICHOS, BUTTARELLI, *con botellas*

305   BUTTARELLI: Aquí hay Falerno, Borgoña,
                     Sorrento.[23]
      CENTELLAS: De lo que quieras
                     sirve, Cristófano, y dinos:
                     ¿'qué hay de cierto en una apuesta
                     por don Juan Tenorio ha un año
310   y don Luis Mejía hecha?[24]
      BUTTARELLI: Señor capitán, no sé
                     tan 'a fondo° la materia   in depth
                     que os pueda sacar de dudas,
                     pero diré lo que sepa.
      VARIOS: Habla, habla.
315   BUTTARELLI: Yo, la verdad,
                     aunque fue en mi casa mesma°   = misma
                     la cuestión entre ambos, como
                     pusieron tan larga fecha
                     a su plazo, creí siempre
320   que nunca 'a efecto° viniera;   to pass
                     así es, que ni aun me acordaba
                     de tal cosa a la hora de ésta.
                     Mas esta tarde, sería
                     el anochecer° apenas,°   dusk, barely
325   entróse aquí un caballero
                     pidiéndome que le diera
                     recado° con que escribir   writing materials
                     una carta: y a sus letras
                     atento no más, me dio
330   tiempo a que charla metiera
                     con un paje que traía,
                     paisano mío, de Génova.

[23] Falermo and Sorrento are famous Italian wines, and Borgoña, French.
[24] Note the hyperbaton. "Qué hay de cierto en una apuesta hecha hace un año por don Juan Tenorio y don Luis Mejía?"

No saqué nada del paje,
que es, por Dios, muy 'brava pesca;[25]

master

335   mas cuando su amo° acababa

sent

su carta, le envió° con ella
a quien iba dirigida:
el caballero en mi lengua
me habló y me pidió noticias

340   de don Luis. Dijo que entera
sabía de ambos la historia,

he was sure

y que 'tenía certeza°
de que al menos uno de ellos
acudiría a la apuesta.

345   Yo quise saber más de él,

coins

mas púsome dos monedas°
de oro en la mano diciéndome

off-handedly

así, como 'a la deshecha:°
"Y por si acaso los dos

350   al tiempo aplazado llegan,
ten prevenidas para ambos
tus dos mejores botellas."

he left

Largóse° sin decir más,
yo, atento a sus monedas,

355   les puse en el mismo sitio
donde apostaron, la mesa.
Y vedla allí con dos sillas,
dos copas y dos botellas.

AVELLANEDA: Pues señor, no hay que dudar;
era don Luis.

360   CENTELLAS: Don Juan era.

AVELLANEDA: ¿Tú no le viste la cara?

BUTTARELLI: ¡Si la traía cubierta
con un antifaz!

CENTELLAS: Pero, hombre,
¿tú a los dos no les recuerdas?

365   ¿O no sabes distinguir

gestures

a las gentes por sus señas°
lo mismo que por sus caras?

blunder

BUTTARELLI: Pues confieso mi torpeza;°
no le supe conocer

tried

370   y lo procuré° de veras.

---

[25] Expression meaning astute person.

           Pero silencio.

AVELLANEDA: ¿Qué pasa?

BUTTARELLI: A dar el reló° comienza   = **reloj**
               los cuartos para las ocho. *(Dan.)*

CENTELLAS: Ved, ved la gente que se entra.

375   AVELLANEDA: Como que está de este lance
               curiosa Sevilla entera.[26]

(Se oyen dar las ocho; varias personas entran
y se reparten en silencio por la escena; al dar la
última campanada, don Juan, con antifaz, se llega
a la mesa que ha preparado Buttarelli en el centro
del escenario, y se dispone° a ocupar una de las   prepares
dos sillas que están delante de ella. Inmediata-
mente después de él, entra don Luis también con
antifaz y se dirige a la otra. Todos los miran.)

ESCENA XII

DON DIEGO, DON GONZALO, DON JUAN,
DON LUIS, BUTTARELLI, CENTELLAS, AVELLANEDA,
CABALLEROS, CURIOSOS, ENMARASCARADOS.

AVELLANEDA: *(A Centellas, por don Juan.)*
               Verás aquél, si ellos vienen,
               qué buen chasco° que se lleva.   trick

CENTELLAS: *(A Avellaneda, por don Luis.)*
               Pues allí va otro a ocupar
380   la otra silla: ¡uf! aquí es ella.[27]

DON JUAN: *(A don Luis.)* Esa silla está comprada,
               hidalgo.

DON LUIS: *(A don Juan.)* Lo mismo digo,
               hidalgo; para un amigo
               tengo yo esotra° pagada.   = **esa otra**

385   DON JUAN: Que ésta es mía 'haré notorio.°   I will have it known

DON LUIS: Y yo también que ésta es mía.

DON JUAN: Luego sois don Luis Mejía.

DON LUIS: Seréis, pues, don Juan Tenorio.

DON JUAN: Puede ser.

---

[26] "It seems that all of Seville is curious about this wager."
[27] Expression meaning roughly, "Here it comes."

DON LUIS:	Vos lo decís.	
DON JUAN:	¿'No os fiáis?°	Don't you trust me?
DON LUIS:	No.	
390 DON JUAN:	Yo tampoco.	
DON LUIS:	Pues 'no hagamos más el coco.°	enough of playing games
DON JUAN:	Yo soy don Juan. *(Quitándose la máscara.)*	
DON LUIS:	Yo don Luis. *(Se quita la máscara.)*	

(Se descubren° y se sientan. El capitán   they take off their hats
Centellas, Avellaneda, Buttarelli y algunos
otros se van a ellos y les saludan, abrazan y
'dan la mano°, y hacen otras semejantes   shake hands
muestras de cariño y amistad. Don Juan y
don Luis las aceptan cortésmente.)

CENTELLAS:	¡Don Juan!	
AVELLANEDA:	¡Don Luis!	
DON JUAN:	¡Caballeros!	
DON LUIS:	¡Oh amigos! ¿Qué dicha° es ésta?	luck
395 AVELLANEDA:	Sabíamos vuestra apuesta,	
	y hemos acudido a veros.	
DON LUIS:	Don Juan y yo tal bondad°	goodness
	en mucho os agradecemos.	
DON JUAN:	El tiempo no malgastemos,°	waste
400	don Luis. *(A los otros.)* Sillas arrimad.°	pull up
	(A los que están lejos.) Caballeros, yo supongo	
	que a ucedes° también aquí	= ustedes
	les trae la apuesta, y por mí	
	a antojo° tal no me opongo.	whim
405 DON LUIS:	Ni yo: que aunque nada más	
	fue el empeño° entre los dos,	pledge
	no ha de decirse por Dios	
	que me avergonzó° jamás.	shamed
DON JUAN:	Ni a mí, que el orbe es testigo°	witness
410	de que hipócrita no soy,	
	pues por doquiera° que voy	= donde quiera
	va el escándalo conmigo.	
DON LUIS:	¡Eh! ¿Y ésos dos no se llegan	
	a escuchar? Vos. *(Por don Diego y don Gonzalo.)*	
DON DIEGO:	Yo estoy bien.	
DON LUIS:	¿Y vos?	
415 DON GONZALO:	De aquí oigo también.	

DON LUIS:	Razón tendrán si se niegan.[28]

(Se sientan todos alrededor de la mesa en
que están don Luis Mejía y don Juan Tenorio.)

	DON JUAN:	¿Estamos listos?
	DON LUIS:	Estamos.
	DON JUAN:	Como quien somos cumplimos.
	DON LUIS:	Veamos, pues, lo que hicimos.
420	DON JUAN:	Bebamos antes.
	DON LUIS:	Bebamos. *(Lo hacen.)*
	DON JUAN:	La apuesta fue…
	DON LUIS:	Porque un día
		dije que en España entera
		no habría nadie que hiciera
		lo que hiciera Luis Mejía.
425	DON JUAN:	Y siendo contradictorio
		al vuestro mi parecer,
		yo os dije: "Nadie ha de hacer
		lo que hará don Juan Tenorio."
		¿No es así?
	DON LUIS:	Sin duda alguna:
430		y vinimos a apostar
		quién de ambos sabría obrar
		peor, con mejor fortuna,
		en el término° de un año, end
		juntándonos aquí hoy
		a probarlo.
435	DON JUAN:	Y aquí estoy.
	DON LUIS:	Y yo.
	CENTELLAS:	¡Empeño bien extraño
		por vida mía!
	DON JUAN:	Hablad, pues.
	DON LUIS:	No, vos debéis empezar.
	DON JUAN:	Como gustéis, igual es,
440		que nunca me hago esperar.
		Pues señor, yo desde aquí,
		buscando mayor espacio
		para mis hazañas,° di feats
		sobre Italia, porque allí

---

[28] "They must have some reason not to join us."

445	tiene el placer un palacio.
	De la guerra y del amor
	antigua y clásica tierra,
	y en ella el Emperador,
	con ella y con Francia en guerra,[29]
450	díjeme: *¿Dónde mejor?*
	Donde hay soldados hay juego,
	hay pendencias° y amoríos.°
	Di, pues, sobre Italia luego
	buscando a sangre y a fuego
455	amores y desafíos.°
	En Roma, a mi apuesta fiel,
	fijé entre hostil y amatorio
	en mi puerta este cartel:
	Aquí está don Juan Tenorio
460	*para quien quiera algo de él.*
	De aquellos días la historia
	a relataros renuncio:
	remítome° a la memoria
	que dejé allí, y de mi gloria
465	podéis juzgar por mi anuncio.
	Las romanas caprichosas,°
	las costumbres licenciosas,
	yo 'gallardo y calavera,°
	¿quién 'a cuento redujera°
470	mis empresas amorosas?
	Salí de Roma por fin
	como os podéis figurar,
	con un disfraz 'harto ruin,°
	y a lomos de un mal rocín,[30]
475	pues me querían ahorcar.°
	Fui al ejército de España,
	mas todos paisanos míos,
	soldados y en tierra extraña,
	dejé pronto su compaña°
480	tras cinco u seis desafíos.
	Nápoles, rico vergel°
	de amor, del placer emporio,°
	vio en mi segundo cartel:

Glosses (right margin):
- line 452: brawls, love affairs
- line 455: duels
- line 463: I refer
- line 466: wilful
- line 468: handsome and impetuous
- line 469: could reduce to a number
- line 473: lowly enough
- line 475: hang
- line 479: military company
- line 481: garden
- line 482: emporium

---

[29] Spain and France went into war against each other several times during the first half of the sixteenth century.

[30] "…on the haunches of a nag in bad shape."

Aquí está don Juan Tenorio,
485   *y no hay hombre para él.*
           Desde la princesa altiva°   high-standing
           a la que pesca en ruin barca,[31]
           no hay hembra° a quien no suscriba;°   woman, accept
           y a cualquier empresa abarca
490   *si en oro o valor estriba.°*   it originates
           Búsquenle los reñidores;°   fighters
           cérquenle° los jugadores;   fence him in
           quien se precie,'que le ataje;°   try and cut him
           y a ver si hay 'quien le aventaje°   who can beat him
495   *en juego, en lid° o en amores.*   fight
           Esto escribí; y en medio año
           que mi presencia gozó
           Nápoles, no hay lance extraño,
           no hay escándalo ni engaño
500   en que no me hallara yo.
           Por dondequiera que fui
           la razón atropellé,°   I trod upon
           la virtud escarnecí,°   I mocked
           a la justicia burlé,
505   y a las mujeres vendí.°   I "sold" (seduced)
           Yo a las cabañas bajé,
           yo a los palacios subí,
           yo los claustros escalé,°   climbed
           y en todas partes dejé
510   memoria amarga° de mí.   bitter
           Ni reconocí sagrado,
           ni hubo ocasión ni lugar
           por mi audacia respetado;
           'ni en distinguir me he parado°   I never stopped
515   al clérigo del seglar.   to distinguish
           A quien quise provoqué,
           con quien quiso 'me batí,°   I fought
           y nunca consideré
           que pudo matarme a mí
520   aquel a quien yo maté.
           A esto don Juan se arrojó,°   threw himself
           y escrito en este papel

---

[31] This is a reference to Tirso de Molina's Don Juan who, in *El burlador de Sevilla*, seduces a duchess in Naples and a fisherwoman in Tarragona.

525		está cuanto consiguió,	
		y lo que él aquí escribió	
		mantenido° está por él.	maintained
	DON LUIS:	Leed, pues.	
	DON JUAN:	No, oigamos antes	
		vuestros 'bizarros extremos,°	wild deeds
		y si traéis terminantes	finished
		vuestras notas comprobantes,	
530		lo escrito cotejaremos.°	we will compare
	DON LUIS:	Decís bien; cosa es que está,	

aunque a mi ver poco irá
de una a otra relación.

DON JUAN: Empezad, pues.
535 DON LUIS: Allá va.

Buscando yo como vos
a mi aliento° empresas grandes, — inspiration
dije: ¿Dó° iré, ¡vive Dios,! — = dónde
de amor y lides en pos,° — after
540 que vaya mejor que a Flandes?[32]
Allí; puesto que empeñadas° — engaged
guerras hay, a mis deseos
habrá al par centuplicadas° — a hundred-fold
ocasiones extremadas
545 de riñas° y galanteos.° — quarrels, gallantries
Y en Flandes conmigo di,
mas con tan negra fortuna
que al mes de encontrarme allí
todo mi caudal° perdí, — fortune
550 dobla a dobla, una por una.
En tan total carestía° — lack of means
mirándome de dineros,
de mí todo el mundo huía;
mas yo busqué compañia
555 y me uní a unos bandoleros.° — bandits
Lo hicimos bien, ¡voto a tal,!
y fuimos tan adelante
con suerte tan colosal
que entramos 'a saco° en Gante[33] — to pillage and plunder

[32] In fact, though Flanders was the scene of battles during the time of Phillip II, none occurred there during the reign of Charles V.
[33] Gante, or Ghent, is the birthplace of Charles V, which he sacked in 1540

560   el palacio episcopal.
                        ¡Qué noche! Por el decoro
                        de la Pascua, el buen obispo°   *bishop*
                        bajó a presidir° el coro,   *preside over*
                        y aún de alegría me crispo°   *I twitch*
565   al recordar su tesoro.
                        Todo cayó en poder nuestro:
                        mas mi capitán, avaro,°   *greedy*
                        'puso mi parte en secuestro;°   *stole away my share*
                        reñimos, fui yo más diestro°   *skillful*
570   y le crucé[34] sin reparo.°   *cut, qualm*
                        Juróme al punto la gente
                        capitán, por más valiente.
                        Juréles yo amistad franca.
                        Pero a la noche siguiente
575   huí, y les dejé sin blanca.[35]
                        Yo me acordé del refrán°   *refrain*
                        de que quien roba al ladrón
                        ha cien años de perdón,
                        y me arrojé a tal desmán°   *outrage*
580   mirando a mi salvación.
                        Pasé a Alemania opulento:
                        mas un provincial jerónimo,[36]
                        hombre de mucho talento,
                        me conoció, y al momento
585   'me delató en un anónimo.[37]
                        Compré a fuerza de dinero
                        la libertad y el papel;
                        y 'topando en un sendero°   *running into on a path*
                        al fraile, le envié certero°   *well-aimed*
590   una bala° envuelta en él.[38]   *bullet*
                        Salté a Francia. ¡Buen país!
                        Y como en Nápoles vos,
                        puse un cartel en París

because its inhabitants refused to pay tribute money.

[34] *Cruzar* refers to cutting an individual's face, usually out of scorn or vengeance and with a sword, in order to leave a visible scar.

[35] A *blanca* was a coin of small value minted between the fourteenth and seventeenth centuries.

[36] The head of the convents of Saint Jerome in a province.

[37] "He gave me away in an anonymous note."

[38] The bullet is wrapped in the paper ("papel"), thus "él."

diciendo: «*Aquí hay un don Luis*
595   *que vale lo menos dos.*[39]
Parará aquí algunos meses,
y no trae más intereses
ni se aviene a° más empresas   agrees to
que a adorar a las francesas
600   *y a reñir° con los franceses.*»   to fight
Esto escribí; y en medio año
que mi presencia gozó°   enjoyed
París, no hubo lance extraño
ni hubo escándalo ni daño
605   'donde no me hallara yo.°   at which I wasn't present
Mas, como don Juan, mi historia
también 'a alargar renuncio;°   I refrain from extending
que basta para mi gloria
la magnífica memoria
610   que allí dejé con mi anuncio.
Y cual vos, por donde fui
la razón atropellé,
la virtud escarnecí,
a la justicia burlé,
615   y a las mujeres vendí.
Mi hacienda llevo perdida
tres veces: mas 'se me antoja°   I feel like
reponerla,° y me convida   restore it
mi boda comprometida
620   con doña Ana de Pantoja.
Mujer muy rica me dan,
y mañana hay que cumplir
los tratos que hechos están;
lo que os advierto,° don Juan,   warn
625   por si queréis asistir.
A esto don Luis se arrojó,°   threw himself
y escrito en este papel
está lo que consiguió,
y lo que él aquí escribió
630   mantenido está por él.
DON JUAN: La historia es tan semejante
que está en el fiel la balanza;

---

[39] Zorrilla here makes a play on words with "Luis," which was the name of the
speaker and of a French coin.

		mas vamos a lo importante,	
		que es el guarismo° a que alcanza°	figure, reaches
635		el papel: conque adelante.	
	DON LUIS:	Razón tenéis en verdad.	
		Aquí está el mío: mirad,	
		por una línea apartados	
		traigo los nombres sentados	
640		para mayor claridad.	
	DON JUAN:	Del mismo modo arregladas	
		mis cuentas traigo en el mío:	
		en dos líneas separadas	
		los muertos en desafío	
645		y las mujeres burladas.°	tricked
		Contad.	
	DON LUIS:	Contad.	
	DON JUAN:	Veinte y tres.	
	DON LUIS:	Son los muertos. A ver vos.	
		¡Por la cruz de San Andrés!	
		Aquí sumo treinta y dos.	
	DON JUAN:	Son los muertos.	
650	DON LUIS:	Matar es.	
	DON JUAN:	Nueve os llevo.	
	DON LUIS:	Me vencéis.	
		Pasemos a las conquistas.	
	DON JUAN:	Sumo aquí cincuenta y seis.	
	DON LUIS:	Y yo sumo en vuestras listas	
		setenta y dos.	
655	DON JUAN:	Pues perdéis.	
	DON LUIS:	¡Es increíble, don Juan!	
	DON JUAN:	Si lo dudáis, apuntados°	written down
		los testigos ahí están,	
		que si fueren preguntados	
660		os lo testificarán.	
	DON LUIS:	¡Oh! y vuestra lista es cabal.	
	DON JUAN:	Desde una princesa real	
		a la hija de un pescador,	
		¡oh! ha recorrido° mi amor	run
665		toda la escala social.	
		¿Tenéis algo que tachar?°	cross off
	DON LUIS:	Sólo una os falta en justicia.	
	DON JUAN:	¿Me la podéis señalar?	
	DON LUIS:	Sí, por cierto, una novicia°	novice

670		que esté para profesar.°	take her vows
	DON JUAN:	¡Bah! pues yo os complaceré°	oblige
		doblemente, porque os digo	
		que a la novicia uniré	
		la dama de algún amigo	
675		que para casarse esté.	
	DON LUIS:	¡Pardiez que sois atrevido!°	daring
	DON JUAN:	Yo os lo apuesto si queréis.	
	DON LUIS:	Digo que acepto el partido.°	match
		¿Para darlo por perdido	
		queréis veinte días?	
680	DON JUAN:	Seis.	
	DON LUIS:	¡Por Dios que sois hombre extraño!	
		¿Cuántos días empleáis	
		en cada mujer que amáis?	
	DON JUAN:	Partid los días del año	
685		entre las que ahí encontráis.	
		Uno para enamorarlas,	
		otro para conseguirlas,	
		otro para abandonarlas,	
		dos para sustituirlas,	
690		y una hora para olvidarlas.	
		Pero, la verdad a hablaros,	
		pedir más no se me antoja	
		porque, pues vais a casaros,	
		mañana pienso quitaros°	take away from you
695		a doña Ana de Pantoja.	
	DON LUIS:	Don Juan, ¿qué es lo que decís?	
	DON JUAN:	Don Luis, lo que oído habéis.	
	DON LUIS:	Ved, don Juan, lo que emprendéis.°	you are undertaking
	DON JUAN:	Lo que he de lograr, don Luis.	
	DON LUIS:	¡Gastón! *(Llamando.)*	
	GASTÓN:	¿Señor?	
700	DON LUIS:	Ven acá.	

*(Habla don Luis en secreto con Gastón,
y éste se va precipitadamente.°)*   quickly

	DON JUAN:	¡Ciutti! *(Llamando.)*
	CIUTTI:	¿Señor?
	DON JUAN:	Ven aquí.

*(Don Juan habla en secreto con Ciutti,
éste se va precipitadamente.)*

DON LUIS:	¿Estáis en lo dicho?
DON JUAN:	Sí.
DON LUIS:	Pues va la vida.
DON JUAN:	Pues va.

*(Don Gonzalo, levantándose de la mesa
en que ha permanecido inmóvil durante
la escena anterior se afronta con don Juan
y don Luis.)*

	DON GONZALO:	¡Insensatos!° ¡Vive Dios	Fools!
705		que a no temblarme las manos	
		a palos, como a villanos,	
		os diera muerte a los dos!⁴⁰	

DON JUAN
y DON LUIS: Veamos.

DON GONZALO: Excusado es,
710   que he vivido lo bastante
       para no estar arrogante
       donde no puedo.

DON JUAN: Idos, pues.

DON GONZALO: Antes, don Juan, de salir
       de donde oírme podáis,
       es necesario que oigáis
715   lo que os tengo que decir.
       Vuestro buen padre don Diego,
       porque 'pleitos acomoda,°   arranges lawsuits
       os apalabró° una boda   set up
       que iba a celebrarse luego;
720   pero por mí mismo yo
       lo que érais queriendo ver,
       vine aquí al anochecer,
       y el veros me avergonzó.°   shamed

DON JUAN: ¡Por Satanás, viejo insano,
725   que no sé cómo he tenido
       calma para haberte oído

---

⁴⁰ Hyperbaton: "…if my hands didn't shake so much I would club you both to
death just as they do villains."

	sin 'asentarte la mano!°	laying a hand on you
	Pero di pronto quién eres,	
	porque me siento capaz	
730	de arrancarte° el antifaz	tear off
	con el alma que tuvieres.	
DON GONZALO:	¡Don Juan!	
DON JUAN:	¡Pronto!	
DON GONZALO:	Mira, pues.	
DON JUAN:	¡Don Gonzalo!	
DON GONZALO:	El mismo soy.	
	Y adiós, Don Juan, mas desde hoy	
735	no penséis en doña Inés.	
	Porque antes que consentir	
	en que se case con vos,	
	el sepulcro° ¡juro a Dios!	tomb
	por mi mano la he de abrir.	
740 DON JUAN:	Me hacéis reír, don Gonzalo;	
	pues venirme a provocar	
	es como ir a amenazar°	to threaten
	a un león con un mal palo.	
	Y pues hay tiempo, advertir°	to warn
745	os quiero a mi vez a vos	
	que o me la dais, o por Dios	
	que a quitárosla he de ir.	
DON GONZALO:	¡Miserable!	
DON JUAN:	Dicho está:	
	sólo una mujer como ésta	
750	me falta para mi apuesta;	
	ved, pues, que apostada va.	

(Don Diego, levantándose de la mesa en
que ha permanecido encubierto mientras
la escena anterior baja al centro de la escena,
encarándose con° don Juan.)   coming face to face with

DON DIEGO:	No puedo más escucharte,	
	vil don Juan, porque recelo°	I fear
	que hay algún rayo en el cielo	
755	preparado a aniquilarte.°	to destroy you
	¡Ah…! No pudiendo creer	
	lo que de ti me decían,	
	confiando en que mentían,	

		te vine esta noche a ver.	
760		Pero te juro, malvado,°	wicked fellow
		que me pesa haber venido	
		para salir convencido	
		de lo que es para ignorado.	
		Sigue, pues, con ciego afán°	determination
765		en tu torpe frenesí,°	frenzy
		mas nunca vuelvas a mí;	
		no te conozco, don Juan.	
	DON JUAN:	¿Quién nunca a ti se volvió,	
		ni quién osa° hablarme así,	dare
770		ni qué se me importa a mí	
		que me conozcas o no?	
	DON DIEGO:	Adiós, pues: mas no te olvides	
		de que hay un Dios justiciero.°	just
	DON JUAN:	Ten.° *(Deteniéndole.)*	Wait
	DON DIEGO:	¿Qué queréis?	
	DON JUAN:	Verte quiero.	
775	DON DIEGO:	Nunca, 'en vano° me lo pides.	in vain
	DON JUAN:	¿Nunca?	
	DON DIEGO:	No.	
	DON JUAN:	Cuando 'me cuadre.°	it suits me
	DON DIEGO:	¿Cómo?	
	DON JUAN:	Así. *(Le arranca el antifaz.)*	
	TODOS:	¡Don Juan!	
	DON DIEGO:	¡Villano!	
		¡Me has puesto en la faz la mano![41]	
	DON JUAN:	¡Válgame Cristo, mi padre!	
780	DON DIEGO:	Mientes, no lo fui jamás.	
	DON JUAN:	¡'Reportaos, con Belcebú!°	Go to the devil!
	DON DIEGO:	No, los hijos como tú	
		son hijos de Satanás.	
		Comendador, nulo sea	
		lo hablado.	
785	DON GONZALO:	Ya lo es por mí;	
		vamos.	
	DON DIEGO:	Sí, vamos de aquí	
		donde tal monstruo no vea.	
		Don Juan, en brazos del vicio	
		desolado° te abandono:	deserted

---

[41] To touch someone's face was a great affront.

790 me matas… mas te perdono
de Dios en el santo juicio.

(Vanse poco a poco don Diego y don Gonzalo.)

DON JUAN: Largo el plazo me ponéis:[42]
mas ved que os quiero advertir
que yo no os he ido a pedir
795 jamás que me perdonéis.
Conque 'no paséis afán°   you don't worry
de aquí adelante por mí,
que como vivió hasta aquí
vivirá siempre don Juan.

ESCENA XIII

DON JUAN, DON LUIS, CENTELLAS, AVELLANEDA,
BUTTARELLI, CURIOSOS, MÁSCARAS

800 DON JUAN: ¡Eh! Ya salimos del paso:
y no hay que extrañar la homilía;°   homily
son pláticas° de familia,   spats
de las que nunca 'hice caso.°   I never paid attention to
Conque lo dicho, don Luis,
805 van doña Ana y doña Inés
en puesta.
DON LUIS: Y el precio es
la vida.
DON JUAN: Vos lo decís:
vamos.
DON LUIS: Vamos.

(Al salir se presenta una ronda,°   patrol
que les detiene.)

[42] This line clearly echoes Tirso de Molina's famous "¡Qué largo me lo fiáis!" and
refers to the day of his judgment being far off.

ESCENA XIV

Dichos, una Ronda de Alguaciles

Alguacil:	Alto allá.
	¿Don Juan Tenorio?
Don Juan:	Yo soy.
Alguacil:	'Sed preso.°
Don Juan:	¿Soñando estoy?
	¿Por qué?
Alguacil:	Después lo verá.

                  You are under arrest.

Don Luis: (*Acercándose a don Juan y riéndose.°*)   *laughing*
Tenorio, no lo extrañéis,
pues mirando a lo apostado
mi paje os ha delatado
para que vos no ganéis.

Don Juan: ¡Hola![43] Pues no os suponía
con tal despejo,° ¡pardiez!   clear-headedness

Don Luis: Id, pues, que por esta vez,
don Juan, la partida° es mía.   match

Don Juan: Vamos pues.
(*Al salir, les detiene otra ronda que entra
en la escena.*)

ESCENA XV

Dichos, una Ronda

810, 815 lines marked.

Alguacil: (*Que entra.*) Ténganse° allá.   Halt
¿Don Luis Mejía?

Don Luis: Yo soy.

Alguacil: Sed preso.

Don Luis: ¿Soñando estoy?
¡Yo preso!

Don Juan: ('*Soltando la carcajada.°*)   Letting out a laugh
¡Ja, ja, ja, ja!
Mejía, no lo extrañéis,
pues, mirando a lo apostado,
mi paje os ha delatado
para que no 'me estorbéis.°   get in my way

820, 825 lines marked.

[43] Expression of surprise or confusion.

DON LUIS:	Satisfecho quedaré
	'aunque ambos muramos.°	though we both die
DON JUAN:	Vamos;

830   conque, señores, quedamos
       en que la apuesta está 'en pie.°   under way

*(Las rondas se llevan a don Juan y a don
Luis, muchos los siguen. El capitán Centellas,
Avellaneda y sus amigos quedan en la escena
mirándose unos a otros.)*

ESCENA XVI

EL CAPITÁN CENTELLAS, AVELLANEDA, CURIOSOS

AVELLANEDA:	¡Parece un juego ilusorio!°	imaginary
CENTELLAS:	¡Sin verlo no lo creería!	
AVELLANEDA:	Pues yo apuesto por Mejía.	
835 CENTELLAS:	Y yo pongo por Tenorio.	

FIN DEL ACTO PRIMERO

Acto Segundo

DESTREZA°   skill

Tres embozados al servicio de don Juan. Exterior de la casa de doña
Ana, vista por una esquina. Las dos paredes que forman el ángulo
se prolongan igualmente por ambos lados, dejando ver en la de la
derecha una reja,° y en la izquierda una reja y una puerta.   iron grating

ESCENA PRIMERA

DON LUIS MEJÍA: (Em*bozado*) Ya estoy frente de la casa
            de doña Ana, y es preciso
            que esta noche tenga aviso
            de lo que en Sevilla pasa.

840   No di con persona alguna
            por dicha mía… ¡Oh qué afán!°   confusion
            Pero ahora, señor don Juan,
            cada cual con su fortuna.
            Si honor y vida se juega,

845   mi destreza y mi valor
            por mi vida y por mi honor
            jugarán… Mas alguien llega.

ESCENA II

DON LUIS, PASCUAL

PASCUAL: ¡Quién creyera lance tal!
                  ¡Jesús, qué escándalo! ¡Presos!
DON LUIS: ¿Qué veo? ¡Es Pascual!

850 PASCUAL: 'Los sesos   I would burst my brains
                  me estrellaría.°
DON LUIS: ¿Pascual?
PASCUAL: ¿Quién me llama tan apriesa?°   = **aprisa** quickly
DON LUIS: Yo. Don Luis.
PASCUAL: ¡Válame° Dios!   = **Válgame**
DON LUIS: ¿Qué te asombra?°   frightens
PASCUAL: Que seáis vos.

855 DON LUIS: Mi suerte, Pascual, es ésa.

Que a no ser yo quien me soy
y a no dar contigo ahora,
el honor de mi señora
doña Ana moría hoy.

PASCUAL: ¿Qué es lo que decís?

860   DON LUIS: ¿Conoces
a don Juan Tenorio?

PASCUAL: Sí.
¿Quién no le conoce aquí?
Mas según públicas voces
estábais presos los dos.

865   Vamos, ¡lo que el vulgo° miente!   *people*

DON LUIS: Ahora acertadamente°   *correctly*
habló el vulgo: y ¡juro a Dios
que a no ser porque mi primo,
el tesorero real,

870   quiso fiarme, Pascual,
pierdo cuanto más estimo!

PASCUAL: ¿Pues cómo?

DON LUIS: ¿En servirme estás?

PASCUAL: Hasta morir.

DON LUIS: Pues escucha.
Don Juan y yo en una lucha

875   arriesgada por demás
empeñados nos hallamos;
pero, a querer tú ayudarme,
más que la vida salvarme
puedes.

PASCUAL: ¿Qué hay que hacer? Sepamos.

880   DON LUIS: En una 'insigne locura°   *illustrious madness*
dimos tiempo ha: en apostar
cuál de ambos sabría obrar
peor, con mejor ventura.
Ambos nos hemos portado°   *behaved*

885   bizarramente° a cual más;   *wildly*
pero él es un Satanás,
y por fin me ha aventajado.
Púsele no sé qué pero,
dijímonos no sé qué

890   sobre ello, y el hecho fue
que él 'mofándome altanero°   *arrogantly mocking me*
me dijo: "Y si esto no os llena,

		pues que os casáis con doña Ana,	
		os apuesto a que mañana	
		os la quito yo."	
895	PASCUAL:	¡Esa es buena!	
		¿Tal se ha atrevido° a decir?	dared
	DON LUIS:	No es lo malo que lo diga,	
		Pascual, sino que consiga	
		lo que intenta.	
900	PASCUAL:	¿Conseguir?	
		En tanto que yo esté aquí,	
		descuidad,° don Luis.	don't worry
	DON LUIS:	Te juro	
		que 'si el lance no aseguro,[1]	
		no sé qué va a ser de mí.	
	PASCUAL:	¡Por la Virgen del Pilar!	
		¿Le teméis?°	fear
905	DON LUIS:	No, Dios testigo.	
		Mas lleva ese hombre consigo	
		algún diablo familiar.°	personal
	PASCUAL:	Dadlo por asegurado.	
	DON LUIS:	¡Oh! Tal es el afán° mío	worry
910		que ni en mí propio me fío,	
		con un hombre tan osado.°	bold
	PASCUAL:	Yo os juro por San Ginés,	
		que, con toda su osadía,°	audacity
		le ha de hacer, por vida mía,	
915		'mal tercio un aragonés:°	an Aragonese (Pascual)
		nos veremos.	his obstacle
	DON LUIS:	¡Ay, Pascual,	
		que en 'qué te metes° no sabes!	what you're getting into
	PASCUAL:	En apreturas° más graves	jams
		me he visto y no salí mal.	
920	DON LUIS:	'Estriba en lo perentorio°	It's the urgency
		del plazo, y en ser quien es.	
	PASCUAL:	Más que un buen aragonés	
		no ha de valer un Tenorio.	
		Todos esos lenguaraces°	big talkers
925		espadachines° de oficio	swashbucklers
		no son más que frontispicio°	façade
		y de 'poca alma° capaces.	courage

[1] "If I don't win the wager…"

Para infamar° a mujeres   dishonor
tienen lengua, y tienen manos
930   para osar a los ancianos
o 'apalear a mercaderes.°   beat merchants
Mas cuando una buena espada,
por un buen brazo esgrimida,°   brandished
con la muerte les convida,°   invite
935   todo su valor es nada.
Y sus empresas y bullas°   hubbub
se reducen todas ellas
a hablar mal de las doncellas
y a huir ante las patrullas.°   patrols

DON LUIS: ¡Pascual!
940 PASCUAL: No lo hablo por vos,
que aunque sóis un calavera
tenéis la alma bien entera
y reñís bien, ¡voto a bríos!

DON LUIS: Pues si es en mí tan notorio
945   el valor, mira, Pascual,
que el valor es proverbial
en la raza de Tenorio.
Y porque conozco bien
de su valor el extremo,
950   de sus ardides° me temo   ruses
que en tierra con mi honra den.

PASCUAL: Pues suelto° estáis ya, don Luis;   free
y pues que 'tanto os acucia°   you are so prodded by
el mal de celos, su astucia°   astuteness
955   con la astucia prevenís.
¿Qué teméis de él?

DON LUIS: No lo sé;
mas esta noche sospecho
que ha de procurar el hecho
consumar.

PASCUAL: Soñáis.
DON LUIS: ¿Por qué?
PASCUAL: ¿No está preso?
960 DON LUIS: Sí que está;
mas también lo estaba yo,
y un hidalgo 'me fió.°   bailed me out

PASCUAL: Mas ¿quién a él le fiará?
DON LUIS: En fin, sólo 'un medio° encuentro   one way

	de satisfacerme.	
965	PASCUAL: ¿Cuál?	
	DON LUIS: Que de esta casa, Pascual,	
	quede yo esta noche dentro.	
	PASCUAL: Mirad que así de doña Ana	
	tenéis el honor vendido.	
970	DON LUIS: ¡Qué mil rayos!° ¿Su marido	Damnation!
	no voy a ser yo mañana?	
	PASCUAL: Mas, señor, ¿no os digo yo	
	que 'os fío con° la existencia…	I trust you with
	DON LUIS: Sí; salir de una pendencia,	
975	mas de un 'ardid diestro,° no.	cunning trick
	Y en fin, o paso en la casa	
	la noche, o tomo la calle	
	aunque la justicia me halle.°	finds me
	PASCUAL: Señor don Luis, eso pasa	
980	de terquedad,° y es capricho°	stubbornness, whim
	que dejar os aconsejo	
	y os irá bien.	
	DON LUIS: No lo dejo,	
	Pascual.	
	PASCUAL: ¡Don Luis!	
	DON LUIS: Está dicho.	
	PASCUAL: ¡Vive Dios! ¿Hay tal afán?	
985	DON LUIS: Tú dirás lo que quisieres,	
	mas yo fío en las mujeres	
	mucho menos que en don Juan;	
	y pues lance es extremado°	notable
	por dos locos emprendido,°	undertaken
990	bien será un loco atrevido	
	para un loco desalmado.°	disturbed
	PASCUAL: Mirad bien lo que decís,	
	porque yo sirvo a doña Ana	
	desde que nació, y mañana	
995	seréis su esposo, don Luis.	
	DON LUIS: Pascual, esa hora llegada	
	y ese derecho adquirido,°	acquired
	yo sabré ser su marido	
	y la haré ser 'bien casada.°	happily married
	Mas 'en tanto…°	as long as
1000	PASCUAL: No habléis más.	
	Yo os conozco desde niños	

		y sé lo que son cariños,	
		¡por vida de Barrabás!	
		Oíd: mi cuarto es sobrado°	more than enough
1005		para los dos; dentro de él	
		quedad; mas palabra fiel	
		dadme de estaros callado.[2]	
	DON LUIS:	Te la doy.	
	PASCUAL:	Y hasta mañana	
		juntos con doble cautela°	caution
1010		nos quedaremos 'en vela.°	on watch
	DON LUIS:	Y se salvará doña Ana.	
	PASCUAL:	Sea.	
	DON LUIS:	Pues vamos.	
	PASCUAL:	Teneos.	
		¿Qué vais a hacer?	
	DON LUIS:	A entrar.	
	PASCUAL:	¿Ya?	
	DON LUIS:	¿Quién sabe lo que él hará?	
1015	PASCUAL:	Vuestros celosos deseos	
		reprimid:° que ser no puede	curb
		mientras que 'no se recoja°	he doesn't stir
		mi amo, don Gil de Pantoja,	
		y todo en silencio quede.	
	DON LUIS:	¡Voto a…!	
1020	PASCUAL:	¡Eh! Dad una vez	
		breves treguas° al amor.	truces
	DON LUIS:	¿Y a qué hora ese buen señor	
		suele° acostarse?	tends to
	PASCUAL:	A las diez;	
		y en esa 'calleja estrecha°	narrow street
1025		hay una reja; llamad	
		a las diez, y descuidad	
		mientras en mí.	
	DON LUIS:	Es cosa hecha.	
	PASCUAL:	Don Luis, hasta luego, pues.	
	DON LUIS:	Adiós, Pascual, hasta luego.	

ESCENA III

| 1030 | DON LUIS: | Jamás tal desasosiego° | uneasiness |

---

[2] "But give me your word you will keep quiet."

tuve. Paréceme que es
esta noche hora menguada°   fatal
para mí…y no sé qué vago
presentimiento, qué estrago°   havoc
1035   teme mi alma acongojada.°   aggrieved
¡Por Dios que nunca pensé
que a doña Ana amara así,
ni por ninguna sentí
lo que por ella…! ¡Oh! Y 'a fe°   by faith (in truth)
1040   que de don Juan me amedrenta°   frightens
no el valor, mas la ventura.
Parece que 'le asegura
Satanás° en cuanto intenta.   Satan protects him
No, no: es un hombre infernal,
1045   y téngome para mí
que si me aparto de aquí
me burla, pese a Pascual.
Y aunque me tenga por necio,
quiero entrar: que con don Juan
1050   las precauciones no están
para vistas con desprecio.°   contempt

(Llama a la ventana.)

ESCENA IV

DON LUIS, DOÑA ANA

DOÑA ANA: ¿'Quién va?°   Who goes there?
DON LUIS: ¿No es Pascual?
DOÑA ANA: ¡Don Luis!
DON LUIS: ¡Doña Ana!
DOÑA ANA: ¿Por la ventana
llamas ahora?
DON LUIS: ¡Ay, doña Ana,
1055   cuán a buen tiempo salís!
DOÑA ANA: Pues ¿qué hay, Mejía?
DON LUIS: Un empeño°   trouble
por tu beldad° con un hombre   beauty
que temo.
DOÑA ANA: ¿Y qué hay que 'te asombre°   frightens you
en él, cuando eres tú el dueño

de mi corazón?

1060 DON LUIS: Doña Ana,
no lo puedes comprender
de ese hombre sin conocer
nombre y suerte.

DOÑA ANA: Será vana
su buena suerte conmigo;
1065 ya ves, sólo horas nos faltan
para la boda, y te asaltan
vanos temores.°   *fears*

DON LUIS: Testigo°   *witness*
me es Dios que nada por mí
me da pavor,° mientras tenga   *dread*
1070 espada y ese hombre venga
cara a cara contra ti.
Mas como el león audaz
y cauteloso° y prudente   *cautious*
como la astuta serpiente…

1075 DOÑA ANA: ¡Bah! Duerme, don Luis, en paz,
que su audacia y su prudencia
nada lograrán° de mí,   *will they get*
que tengo cifrada° en ti   *set*
la gloria de mi existencia.

1080 DON LUIS: Pues bien, Ana, de ese amor
que me aseguras en nombre,[3]
para no temer a ese hombre
voy a pedirte un favor.

DOÑA ANA: Di; mas bajo, por si escucha
tal vez alguno.

1085 DON LUIS: Oye, pues.

ESCENA V

DOÑA ANA y DON LUIS, *a la reja derecha*;
DON JUAN y CIUTTI, *en la calle izquierda*

CIUTTI: Señor, por mi vida, que es
vuestra suerte buena y mucha.

DON JUAN: Ciutti, nadie como yo:
ya viste cuán fácilmente

---

[3] Hyperbaton: "En nombre de ese amor que me aseguras."

1090	el buen alcaide° prudente	= **alcaide** jail warden
	se avino y suelta me dio.	
	Mas no hay ya en ello que hablar:	
	¿mis encargos° has cumplido?	orders
CIUTTI:	Todos los he concluido	
1095	mejor que pude esperar.	
DON JUAN:	¿La beata…?[4]	
CIUTTI:	Esta es la llave	
	de la puerta del jardín,	
	que habrá que escalar al fin,	
	pues, como usarced° ya sabe,	**vuestra merced = usted**
1100	las tapias° de ese convento	walls
	no tienen entrada alguna.	
DON JUAN:	¿Y te dio carta?	
CIUTTI:	Ninguna;	
	me dijo que aquí al momento	
	iba a salir de camino;	
1105	que al convento se volvía	
	y que con vos hablaría.	
DON JUAN:	Mejor es.	
CIUTTI:	Lo mismo opino.	
DON JUAN:	¿Y los caballos?	
CIUTTI:	Con silla	
	y freno° los tengo ya.	bridle
DON JUAN:	¿Y la gente?	
1110	CIUTTI: Cerca está.	
DON JUAN:	Bien, Ciutti; mientras Sevilla	
	tranquila en sueño reposa	
	creyéndome encarcelado,°	imprisioned
	otros dos nombres añado	
1115	a mi lista numerosa.	
	¡Ja!, ¡ja!	
CIUTTI:	Señor.	
DON JUAN:	¿Qué?	
CIUTTI:	Callad.	
DON JUAN:	¿Qué hay, Ciutti?	
CIUTTI:	Al doblar la esquina,	
	en esa reja vecina°	neighboring
	he visto un hombre.	

[4] Don Juan refers to Brígida as a *beata*, but he is being ironic; she is a crack-pot who has sold out her mistress.

DON JUAN:	Es verdad:	
1120	pues ahora sí que es mejor	
	el lance: ¿y si es ése?	
CIUTTI:	¿Quién?	
DON JUAN:	Don Luis.	
CIUTTI:	Imposible.	
DON JUAN:	¡Toma!°	You don't say!
	¿No estoy yo aquí?	
CIUTTI:	Diferencia	
	va de él a vos.	
DON JUAN:	Evidencia	
1125	lo creo Ciutti; allí asoma	
	tras de la reja una dama.	
CIUTTI:	Una criada tal vez.	
DON JUAN:	Preciso es verlo, ¡pardiez!,	
	no perdamos lance y fama.	
1130	Mira, Ciutti, 'a fuer de ronda,°	in the guise of a patrol
	tú con varios de los míos	
	por esa calle escurríos°	scurry away
	dando vuelta a la redonda	
	a la casa.	
CIUTTI:	Y en tal caso	
	cerrará ella.[5]	
1135 DON JUAN:	Pues con eso,	
	ella ignorante y él preso,	
	nos dejarán franco el paso.	
CIUTTI:	Decís bien.	
DON JUAN:	Corre y atájale,°	cut him off
	que en ello el vencer consiste.	
1140 CIUTTI:	¿Mas si el truhán° se resiste?	rascal
DON JUAN:	Entonces 'de un tajo, rájale.°	cut him in two

ESCENA VI

DON JUAN, DOÑA ANA, DON LUIS

DON LUIS:	¿Me das, pues, tu asentimiento?°	approval
DOÑA ANA:	Consiento.	
DON LUIS:	¿Complácesme de ese modo?	
1145 DOÑA ANA:	En todo.	

[5] "In which case she'll close (the window.)"

DON LUIS:	Pues te velaré° hasta el día.	watch over
DOÑA ANA:	Sí, Mejía.	
DON LUIS:	Páguete el cielo, Ana mía,	
	satisfacción tan entera.	

1150   DOÑA ANA: Porque me juzgues sincera,
                           consiento en todo, Mejía.

DON LUIS: Volveré, pues, otra vez.

DOÑA ANA: Si, a las diez.

DON LUIS: ¿Me aguardarás, Ana?

DOÑA ANA: Sí.

1155   DON LUIS: Aquí.

DOÑA ANA: ¿Y tú estarás puntual, eh?

DON LUIS: Estaré.

DOÑA ANA: La llave, pues, te daré.

DON LUIS: Y dentro yo de tu casa,
                      venga Tenorio.

1160   DOÑA ANA: Alguien pasa.
                 A las diez.

DON LUIS: *Aquí estaré.*

ESCENA VII

DON JUAN, DON LUIS

DON LUIS:	Mas se acercan. ¿Quién va allá?	
DON JUAN:	Quien va.	
DON LUIS:	De quien va así ¿qué se infiere?	

1165   DON JUAN: Que quiere.

DON LUIS: ¿Ver si la lengua le arranco?°   I pull out

DON JUAN: El 'paso franco.°   A clear path

DON LUIS: Guardado está.

DON JUAN: ¿Y soy yo manco?[6]

DON LUIS: Pidiéraislo en cortesía.

DON JUAN: ¿Y a quién?

1170   DON LUIS: A don Luis Mejía.

DON JUAN: *Quien va quiere el paso franco.*

DON LUIS: ¿Conocéisme?

DON JUAN: Sí.

DON LUIS: ¿Y yo a vos?

DON JUAN: Los dos.

---

[6] "Do I look like a cripple?" Implied is the threat that he'll use his sword.

	DON LUIS:	¿Y en qué estriba el estorballe?°	= **estorbarle** hinder him
1175	DON JUAN:	En la calle.	
	DON LUIS:	¿De ella los dos por ser amos?[7]	
	DON JUAN:	Estamos.	
	DON LUIS:	Dos hay no más que podamos necesitarla a la vez.	
	DON JUAN:	Lo sé.	
	DON LUIS:	¡Sois don Juan!	
1180	DON JUAN:	¡Pardiez!	
		los dos ya en la calle estamos.	
	DON LUIS:	¿No os prendieron?°	Didn't they catch you?
	DON JUAN:	Como a vos.	
	DON LUIS:	¡Vive Dios!	
		¿Y huisteis?°	you fled
	DON JUAN:	Os imité:	
1185		¿Y qué?	
	DON LUIS:	Que perderéis.	
	DON JUAN:	No sabemos.	
	DON LUIS:	Lo veremos.	
	DON JUAN:	La dama entrambos tenemos sitiada° y estáis cogido.°	surrounded, caught
	DON LUIS:	Tiempo hay.	
1190	DON JUAN:	Para vos perdido.	
	DON LUIS:	*¡Vive Dios, que lo veremos!*	

(Don Luis desenvaina° su espada, mas   draws
Ciutti, que ha bajado con los suyos caute-
losamente° hasta colocarse tras él, le sujeta.°)   carefully, grabs him

	DON JUAN:	Señor don Luis, vedlo, pues.	
	DON LUIS:	Traición es.	
	DON JUAN:	La boca...	

(A los suyos, que se la tapan° a don Luis.)   cover with a gag

	DON LUIS:	¡Oh!	
	DON JUAN:	*(Le sujetan° los brazos.)*	tie up
		Sujeto atrás:	
1195		más.	
		La empresa es, señor Mejía,	

---

[7] "Are we both fighting to be lord of her (the street)?"

como mía.
Encerrádmele hasta el día.   *(A los suyos.)*
La apuesta está ya en mi mano.

(A Don Luis.)

1200   Adiós, Don Luis, si os la gano,
             traición es; mas como mía.

ESCENA VIII

DON JUAN: Buen lance, ¡viven los cielos!
              Estos son los que dan fama:
              mientras le soplo° la dama,   I rob him of
1205   él se arrancará° los pelos   will pull out
              encerrado en mi bodega.
              ¿Y ella…? Cuando crea hallarse°   to find herself
              con él…, ¡ja!, ¡ja…! ¡Oh! y quejarse°   complain
              no puede; limpio se juega.
1210   A la cárcel° le llevé   prison
              y salió: llevóme a mí
              y salí; hallarnos aquí
              era fuerza…, ya se ve,
              su parte en la grave apuesta
1215   defendía cada cual.
              Mas con la suerte está mal
              Mejía, y también pierde ésta.
              Sin embargo, y por si acaso,
              no es demás asegurarse
1220   de Lucía, a desgraciarse
              no vaya por poco el paso.[8]
              Mas por allí un bulto° negro   figure
              se aproxima…, y a mi ver
              es el bulto una mujer.
1225   ¿Otra aventura? Me alegro.

---

[8] "It's worth it to go the extra step in order to avoid disgrace."

ESCENA IX

DON JUAN, BRÍGIDA

BRÍGIDA:	¿Caballeros?
DON JUAN:	¿Quién va allá?
BRÍGIDA:	¿Sois don Juan?
DON JUAN:	¡Por vida de…!

                   ¡Si es la beata! ¡Y a fe
                   que la había olvidado ya!

1230   Llegaos; don Juan soy yo.

BRÍGIDA:	¿Estáis solo?
DON JUAN:	Con el diablo.
BRÍGIDA:	¡Jesucristo!
DON JUAN:	Por vos lo hablo.
BRÍGIDA:	¿Soy yo el diablo?
DON JUAN:	Creoló.
BRÍGIDA:	¡Vaya! ¡Qué cosas tenéis!

1235   Vos sí que sois un diablillo…

DON JUAN: Que te llenará el bolsillo°   *purse*
                   si le sirves.

BRÍGIDA:	Lo veréis.
DON JUAN:	Descarga, pues, ese pecho.[9]

                   ¿Qué hiciste?

BRÍGIDA: ¡Cuanto me ha dicho

1240   vuestro paje… ! ¡Y qué mal bicho°   *vile creature*
                   es ese Ciutti!

DON JUAN:	¿Qué ha hecho?
BRÍGIDA:	¡Gran bribón!
DON JUAN:	¿No os ha entregado° *given*

                   un bolsillo y un papel?

BRÍGIDA: Leyendo estará ahora en él
                   doña Inés.

1245 DON JUAN: ¿La has preparado?

BRÍGIDA: Vaya; y os la he convencido
                   con tal maña° y de manera   *cleverness*
                   que irá como una cordera°   *lamb*
                   tras vos.

DON JUAN: ¡Tan fácil te ha sido!

1250 BRÍGIDA: ¡Bah! Pobre 'garza enjaulada,°   *caged heron*

[9] Unburden your chest (i.e., tell your story.)

dentro la jaula nacida,
¿qué sabe ella si hay más vida
ni más aire en que volar?°   to fly
Si no vio nunca sus plumas
1255   del sol a los resplandores,°   rays
¿qué sabe de los colores
de que se puede ufanar?°   to boast
No cuenta la pobrecilla
1260   diez y siete primaveras
y, aún virgen a las primeras
impresiones del amor,
nunca concibió la dicha
fuera de su pobre estancia
tratada desde su infancia
1265   con cauteloso rigor.°   rigor
Y tantos años monótonos
de soledad° y convento   solitude
tenían su pensamiento
'ceñido a punto tan ruin,°   held to such a brief momen
1270   a tan reducido espacio
y a círculo tan mezquino,°   paltry
que era el claustro su destino
el altar era su fin.
"Aquí está Dios," la dijeron;
1275   y ella dijo: "Aquí le adoro."
"Aquí está el claustro y el coro."
Y pensó: "No hay más allá."
Y sin otras ilusiones
que sus sueños infantiles,
1280   pasó diez y siete abriles
sin conocerlo quizá.

DON JUAN: ¿Y está hermosa?
BRÍGIDA: ¡Oh! Como un ángel.
DON JUAN: ¿Y la has dicho…?
BRÍGIDA: Figuraos°   Imagine
si habré metido mal caos
1285   en su cabeza, don Juan.
La hablé del amor, del mundo,
de la corte y los placeres,
de cuánto con las mujeres
erais 'pródigo y galán.°   lavish and handsome
1290   La dije que erais el hombre

por su padre destinado
para suyo; os he pintado
muerto por ella de amor,
desesperado por ella,
1295   y por ella perseguido,°   pursued
por ella decidido
a perder vida y honor.
En fin, mis dulces palabras,
'al posarse° en sus oídos,   upon landing
1300   sus deseos mal dormidos
arrastraron° de sí en pos;   dragged
y allá dentro de su pecho
han inflamado una llama°   flame
de fuerza tal, que ya os ama
1305   y no piensa más que en vos.

DON JUAN: Tan incentiva pintura
los sentidos me enajena°,   stirs
el alma ardiente me llena
de su insensata pasión.
1310   Empezó por una apuesta,
siguió por un devaneo,°   delirium
engendró luego un deseo,
y hoy me quema el corazón.
Poco es el centro de un claustro;
1315   ¡al mismo infierno bajara,
y 'a estocadas la arrancara°   by sword I would
de los brazos de Satán!   snatch her
¡Oh! Hermosa flor, cuyo cáliz°   bud
al rocío° aún no se ha abierto,   dew
1320   'a trasplantarte va al huerto
de sus amores don Juan.[10]
¿Brígida?

BRÍGIDA: Os estoy oyendo,
y me hacéis 'perder el tino:°   lose my mind
yo os creía un libertino°   libertine
1325   sin alma y sin corazón.

DON JUAN: ¿Eso extrañas? ¿No está claro
que en un objeto tan noble
hay que interesarse doble
que en otros?

[10] Hyperbaton: "… don Juan va a trasplantarte al huerto de sus amores."

	BRÍGIDA:	Tenéis razón.	
1330	DON JUAN:	Conque ¿a qué hora se recogen las madres?	
	BRÍGIDA:	Ya recogidas estarán. ¿Vos prevenidas° todas las cosas tenéis?	ready
	DON JUAN:	Todas.	
	BRÍGIDA:	Pues luego que doblen	
1335		a las animas,[11] con tiento° saltando al huerto, al convento fácilmente entrar podéis con la llave que os he enviado: de un claustro oscuro y estrecho	care
1340		es, seguidle bien derecho, y daréis con poco afán° en nuestra celda.°	difficulty cell
	DON JUAN:	Y si acierto° a robar tan gran tesoro, te he de hacer pesar en oro.[12]	I manage
1345	BRÍGIDA:	Por mí no queda, don Juan.	
	DON JUAN:	Ve y aguárdame.	
	BRÍGIDA:	Voy, pues, a entrar por la portería,° y a cegar° a sor María la tornera.[13] Hasta después.	front gate blind (i.e. distract)

*(Vase Brígida, y un poco antes de concluir
esta escena sale Ciutti, que se para en el
fondo, esperando)*

ESCENA X

DON JUAN, CIUTTI

1350	DON JUAN:	Pues, señor, ¡soberbio° envite!° Muchas hice hasta esta hora,	superb bet

---

[11] *Doblar las ánimas* is the medieval practice of ringing church bells to ask for prayers for the souls in purgatory.

[12] "I will give you your weight in gold."

[13] The *tornera* is the nun in charge of the *torno*, a turning window through which objects can be passed from the outside to the cloistered nuns without exposing the nuns to outside eyes.

mas ¡por Dios que la de ahora
será tal que me acredite!°   it will bring me fame
Mas ya veo que me espera
Ciutti. ¿Lebrel?[14] *(Llamándole.)*

1355   CIUTTI: Aquí estoy.
       DON JUAN: ¿Y don Luis?
       CIUTTI: Libre por hoy
       estáis de él.
       DON JUAN: Ahora quisiera
       ver a Lucía.
       CIUTTI: Llegar
       podéis aquí: *(A la reja derecha.)* Yo la llamo
1360   y al salir a mi reclamo
       la podéis vos abordar.°   overtake
       DON JUAN: Llama, pues.
       CIUTTI: La seña mía
       sabe bien para que dude
       en acudir.
       DON JUAN: Pues si acude,
1365   lo demás es cuenta mía.

       *(Ciutti llama a la reja con una seña que
       parezca convenida.° Lucía se asoma a ella,*   agreed upon
       y al ver a don Juan se detiene un momento.)

ESCENA XI

DON JUAN, LUCÍA, CIUTTI

       LUCÍA: ¿Qué queréis, buen caballero?
       DON JUAN: Quiero.
       LUCÍA: ¿Qué queréis, vamos a ver?
       DON JUAN: Ver.
1370   LUCÍA: ¿Ver? ¿Qué veréis a esta hora?
       DON JUAN: A tu señora.
       LUCÍA: Idos, hidalgo, en mal hora;
       ¿quién pensáis que vive aquí?
       DON JUAN: Doña Ana Pantoja, y
1375   *quiero ver a tu señora.*
       LUCÍA: ¿Sabéis que casa° doña Ana?   is getting married

---

[14] A *lebrel* is a hound dog suited for hunting hares, *liebres*.

	DON JUAN:	Sí, mañana.	
	LUCÍA:	¿Y ha de ser tan infiel° ya?	unfaithful
	DON JUAN:	Sí será.	
1380	LUCÍA:	¿Pues no es de don Luis Mejía?	
	DON JUAN:	¡Ca!¹⁵ Otro día.	

DON JUAN: ¡Ca!¹⁵ Otro día.
Hoy no es mañana, Lucía;
yo he de estar hoy con doña Ana,
y si se casa mañana,
1385   *mañana será otro día.*

	LUCÍA:	¡Ah! ¡En recibiros está?¹⁶	
	DON JUAN:	Podrá.	
	LUCÍA:	¿Qué haré, si os he de servir?	
	DON JUAN:	Abrir.	
1390	LUCÍA:	¡Bah! ¿Y quién abre este castillo?	
	DON JUAN:	Ese bolsillo.	
	LUCÍA:	¿Oro?	
	DON JUAN:	Pronto 'te dio el brillo.°	you saw the shine
	LUCÍA:	¿Cuánto?	
	DON JUAN:	De cien doblas pasa.	
	LUCÍA:	¡Jesús!	
	DON JUAN:	Cuenta y di: ¿esta casa	
1395		podrá abrir, ese bolsillo?	
	LUCÍA:	¡Oh! Si es quien 'me dora el pico…°	pays me off
	DON JUAN:	Muy rico. *(Interrumpiéndola.)*	
	LUCÍA:	¿Sí? ¿Qué nombre usa el galán?°	gentleman
	DON JUAN:	Don Juan.	
1400	LUCÍA:	¿Sin apellido notorio?	
	DON JUAN:	Tenorio.	
	LUCÍA:	¡Ánimas° del purgatorio!	souls
		¿Vos don Juan?	
	DON JUAN:	¿Qué te amedrenta,	
		si a tus ojos se presenta	
1405		*muy rico don Juan Tenorio?*	
	LUCÍA:	'Rechina la cerradura.°	The lock squeaks.
	DON JUAN:	'Se asegura.°	It will be secured.
	LUCÍA:	¿Y a mí quién? ¡Por Belcebú!	
	DON JUAN:	Tú.	
1410	LUCÍA:	¿Y qué me abrirá el camino?	
	DON JUAN:	'Buen tino.°	Good wits.

¹⁵ Colloquial expression of negation related to the current "¡Qué va!"
¹⁶ "Is she expecting you?"

	LUCÍA:	¡Bah! Ir en brazos del destino…	
	DON JUAN:	Dobla el oro.	
	LUCÍA:	'Me acomodo.°	I'll make do.
	DON JUAN:	Pues mira cómo de todo	
1415		*se asegura tu buen tino.*	
	LUCÍA:	Dadme algún tiempo, ¡pardiez!	
	DON JUAN:	A las diez.	
	LUCÍA:	¿Dónde os busco, o vos a mí?	
	DON JUAN:	Aquí.	
1420	LUCÍA:	¿Conque estaréis puntual, eh?	
	DON JUAN:	Estaré.	
	LUCÍA:	Pues yo una llave os traeré.	
	DON JUAN:	Y yo otra igual cantidad.	
	LUCÍA:	No me faltéis.	
	DON JUAN:	No en verdad;	
1425		a las diez aquí estaré.	
		Adiós, pues, y en mí te fía.	
	LUCÍA:	Y en mí el garboso° galán.	generous
	DON JUAN:	Adiós, pues, franca Lucía.	
	LUCÍA:	Adiós, pues, rico don Juan.	

*(Lucía cierra la ventana. Ciutti se acerca
a don Juan a una seña de éste.)*

ESCENA XII

DON JUAN, CIUTTI

	DON JUAN:	*(Riéndose.)*
1430		Con oro nada hay que falle.
		Ciutti, ya sabes mi intento:
		a las nueve en el convento,
		a las diez en esta calle. *(Vanse)*

FIN DEL ACTO SEGUNDO

Acto Tercero

PROFANACIÓN

Celda de doña Inés. Puerta en el fondo y a la izquierda.

ESCENA PRIMERA

DOÑA INÉS, LA ABADESA

ABADESA:	¿Conque me habéis entendido?	
DOÑA INÉS:	Sí, señora.	
1435 ABADESA:	Está muy bien;	
	la voluntad decisiva	
	de vuestro padre tal es.	
	Sois joven, cándida y buena;	
	vivido en el claustro habéis	
1440	casi desde que nacisteis;	
	y para quedar en él	
	atada con santos votos°	vows
	para siempre, ni aún tenéis,	
	como otras, pruebas difíciles	
1445	ni penitencias que hacer.	
	¡Dichosa° mil veces vos!	fortunate
	Dichosa, sí, doña Inés,	
	que no conociendo el mundo	
	no le debéis de temer.	
1450	¡Dichosa vos que, del claustro	
	al 'pisar en el dintel,°	crossing the threshold
	no os volveréis a mirar	
	lo que tras vos dejaréis!	
	Y los mundanos° recuerdos	worldly
1455	del bullicio y del placer	
	no os turbarán° tentadores	bother
	del ara santa a los pies;[1]	
	pues ignorando lo que hay	
	tras esa santa pared,	

---

[1] "… at the foot of the altar."

1460	lo que tras ella se queda
	ˈjamás apeteceréis.°	you will never desire
	ˈMansa paloma° enseñada	gentle dove
	en las palmas a comer
	del dueño que la ha criado
1465	en doméstico vergel,
	no habiendo salido nunca
	de la protectora red,°	net
	no ansiaréis nunca las alas°	wings
	por el espacio tender.°	spread
1470	Lirio° gentil, cuyo tallo°	lily, stem
	mecieron° sólo tal vez	rocked
	las embalsamadas° brisas	perfumed
	del más florecido mes,
	aquí a los besos del aura°	gentle breeze
1475	vuestro cáliz abriréis,
	y aquí vendrán vuestras hojas
	tranquilamente a caer.
	Y en el pedazo de tierra
	que ˈabarca nuestra estrechez,°	holds our narrow confines
1480	y en el pedazo de cielo
	que por las rejas se ve,
	vos no veréis más que un lecho°	bed
	do en dulce sueño yacer,
	y un velo° azul suspendido	veil
1485	a las puertas del Edén.
	¡Ay! En verdad que os envidio,
	venturosa doña Inés,
	con vuestra inocente vida,
	la virtud del no saber.
1490	Mas ¿por qué estáis cabizbaja?°	downhearted
	¿Por qué no me respondéis
	como otras veces, alegre,
	cuando en lo mismo os hablé?
	¿Suspiráis?°…¡Oh!, ya comprendo	Are you sighing?
1495	de vuelta aquí hasta no ver
	a vuestra aya° estáis inquieta,	servant (Brígida)
	pero nada receléis.
	A casa de vuestro padre
	fue casi al anochecer,
1500	y abajo en la portería
	estará: yo os la enviaré,

que estoy de vela² esta noche.
Conque, vamos, doña Inés,
recogeos, que ya es hora:

1505   mal ejemplo no me deis
a las novicias,° que ha tiempo   novices
que duermen ya. Hasta después.

DOÑA INÉS: Id con Dios, madre abadesa.
ABADESA: Adiós, hija.

ESCENA II

DOÑA INÉS: Ya se fue.
1510   No sé qué tengo, ¡ay de mí!,
que en tumultuoso tropel°   throng
mil encontradas ideas
me combaten a la vez.
Otras noches complacida°   complacent
1515   sus palabras escuché;
y de esos cuadros° tranquilos   scenes
que sabe pintar tan bien,
de esos placeres domésticos
la dichosa sencillez
1520   y la calma venturosa,
me hicieron apetecer°   yearn for
la soledad de los claustros
y su santa rigidez.
Mas hoy la oí distraída
1525   y en sus pláticas° hallé,   chats
si no enojosos° discursos,   troublesome
a lo menos aridez.°   dullness
Y no sé por qué, al decirme
que podría acontecer
1530   que 'se acelerase° el día   come sooner
de mi profesión, temblé
y sentí del corazón
'acelerarse el vaivén,°   quicken its beat
y 'teñírseme el semblante°   my face went
1535   de amarilla palidez.°   paleness
¡Ay de mí…! ¡Pero mi dueña°   chaperone (Brígida)

---

² *De vela*, or "on watch" at a convent refers to prayerful vigil of the Blessed Sacrament, the Eucharist.

dónde estará…! Esa mujer
con sus pláticas al cabo
me entretiene alguna vez.

1540   Y hoy 'la echo menos°…acaso   I miss her
porque la voy a perder,
que en profesando es preciso
renunciar a cuanto amé.
Mas pasos siento en el claustro;

1545   ¡oh!, reconozco muy bien
sus pisadas°… Ya está aquí.   footsteps

ESCENA III

DOÑA INÉS, BRÍGIDA

BRÍGIDA:	Buenas noches, doña Inés.	
DOÑA INÉS:	¿Cómo habéis tardado tanto?	
BRÍGIDA:	Voy a cerrar esta puerta.	
1550 DOÑA INÉS:	Hay orden de que esté abierta.	
BRÍGIDA:	Eso es muy bueno y muy santo	
	para las otras novicias	
	que han de consagrarse° a Dios,	devote themselves
	no, doña Inés, para vos.	
1555 DOÑA INÉS:	Brígida, ¿no ves que vicias°	you violate
	las reglas del monasterio	
	que no permiten…?	
BRÍGIDA:	¡Bah! ¡bah!	
	Más seguro así se está,	
	y así se habla sin misterio	
1560	ni estorbos.° ¿Habéis mirado	impediments
	el libro que os he traído?	
DOÑA INÉS:	¡Ay!, se me había olvidado.	
BRÍGIDA:	¡Pues 'me hace gracia° el olvido!	amuses me
DOÑA INÉS:	¡Como° la madre abadesa	Since
1565	se entró aquí inmediatamente!	
BRÍGIDA:	¡Vieja más impertinente!	
DOÑA INÉS:	¿Pues tanto el libro interesa?	
BRÍGIDA:	¡Vaya si interesa! Mucho.	
	¡Pues quedó con poco afán	
	el infeliz!	
DOÑA INÉS:	¿Quién?	
1570 BRÍGIDA:	Don Juan.	

DOÑA INÉS:	¡Válgame el cielo! ¡Qué escucho!	
	¿Es don Juan quien me le³ envía?	
BRÍGIDA:	Por supuesto.	
DOÑA INÉS:	¡Oh! Yo no debo	
	tomarle.	
BRÍGIDA:	¡Pobre mancebo!°	young fellow

1575
	Desairarle° así, sería	to snub him
	matarle.	
DOÑA INÉS:	¿Qué estás diciendo?	
BRÍGIDA:	Si ese horario no tomáis,	
	tal pesadumbre° le dais	sorrow
	que va a enfermar: lo estoy viendo	

1580
DOÑA INÉS:	¡Ah! No, no; de esa manera	
	le tomaré.	
BRÍGIDA:	Bien haréis.	
DOÑA INÉS:	¡Y qué bonito es!	
BRÍGIDA:	Ya veis;	
	quien quiere agradar se esmera.⁴	
DOÑA INÉS:	Con sus manecillas° de oro.	clasps

1585
	¡Y cuidado que está prieto!°	tightly closed
	A ver, a ver si completo	
	contiene el rezo° del coro.	prayer

(Le abre, y cae una carta de entre sus hojas.°)   sheets

	Mas ¿qué cayó?	
BRÍGIDA:	Un papelito.	
DOÑA INÉS:	¡Una carta!	
BRÍGIDA:	Claro está;	

1590
	en esa carta os vendrá	
	ofreciendo el regalito.	
DOÑA INÉS:	¡Qué! ¿Será suyo el papel?	
BRÍGIDA:	¡Vaya, que sois inocente!	
	Pues que os feria,° es consiguiente	he's treating you

1595
	que la carta será de él.	
DOÑA INÉS:	¡Ay, Jesús!	
BRÍGIDA:	¿Qué es lo que os da?	
DOÑA INÉS:	Nada, Brígida, no es nada.	
BRÍGIDA:	No, no; si estáis inmutada.°	altered

³ Note the *leísmo* here and elsewhere.
⁴ "He who aims to please goes to great pains."

	(Ya presa° en la red está.)	caught
	¿Se os pasa?	
DOÑA INÉS:	Sí.	
1600 BRÍGIDA:	Eso habrá sido	
	cualquier mareíllo° vano.	dizzy spell
DOÑA INÉS:	¡Ay! Se me abrasa° la mano	burns
	con que el papel he cogido.	
BRÍGIDA:	Doña Inés, ¡válgame Dios!,	
1605	jamás os he visto así:	
	estáis trémula.°	trembling
DOÑA INÉS:	¡Ay de mí!	
BRÍGIDA:	¿Qué es lo que pasa por vos?	
DOÑA INÉS:	No sé… El campo de mi mente	
	siento que cruzan perdidas	
1610	mil sombras desconocidas	
	que me inquietan° vagamente	disturb
	y ha tiempo al alma me dan	
	con su agitación tortura.	
BRÍGIDA:	¿Tiene alguna por ventura	
1615	el semblante° de don Juan?	face
DOÑA INÉS:	No sé: desde que le vi,	
	Brígida mía, y su nombre	
	me dijiste, tengo a ese hombre	
	siempre delante de mí.	
1620	Por doquiera 'me distraigo	
	con° su agradable recuerdo,	I am distracted by
	y si un instante le pierdo,	
	en su recuerdo recaigo.°	I fall back to
	No sé qué fascinación	
1625	en mis sentidos ejerce,	
	que siempre hacia él se me tuerce°	turns
	la mente y el corazón:	
	y aquí y en el oratorio	
	y en todas partes advierto	
1630	que el pensamiento divierto	
	con la imagen de Tenorio.	
BRÍGIDA:	¡Válgame Dios! Doña Inés,	
	según lo vais explicando,	
	tentaciones me van dando	
1635	de creer que eso amor es.	
DOÑA INÉS:	¡Amor has dicho!	
BRÍGIDA:	Sí, amor.	

DOÑA INÉS:	No, de ninguna manera.	
BRÍGIDA:	Pues por amor lo entendiera	
	el menos entendedor;	
1640	mas vamos la carta a ver.	
	¿En qué os paráis? ¿Un suspiro?°	sigh
DOÑA INÉS:	¡Ay! Que cuanto más la miro,	
	menos me atrevo a leer.	
	(Lee.) "Doña Inés del alma mía."	
1645	¡Virgen Santa, qué principio!°	beginning
BRÍGIDA:	Vendrá en verso, y será un ripio[5]	
	que traerá la poesía.	
	Vamos, seguid adelante.	
DOÑA INÉS:	*(Lee.)* "Luz de donde el sol la toma,	
1650	hermosísima paloma	
	privada° de libertad,	deprived
	si os dignáis por estas letras	
	pasar vuestros lindos ojos,	
	no los tornéis 'con enojos°	angrily
1655	sin concluir, acabad."	
BRÍGIDA:	¡Qué humildad! ¡Y qué finura!	
	¿Dónde hay mayor rendimiento?°	dedication
DOÑA INÉS:	Brígida, no sé qué siento.	
BRÍGIDA:	Seguid, seguid la lectura.	
1660 DOÑA INÉS:	*(Lee)* "Nuestros padres 'de consuno°	in conjunction
	nuestras bodas acordaron,	
	porque los cielos juntaron	
	los destinos de los dos.	
	Y halagado desde entonces	
1665	con tan risueña° esperanza,	pleasant
	mi alma, doña Inés, no alcanza	
	otro porvenir° que vos.	future
	De amor con ella en mi pecho	
	brotó° una chispa° ligera,	struck, spark
1670	que han convertido en hoguera°	bonfire
	tiempo y afición tenaz:	
	y esta llama° que en mí mismo	flame
	se alimenta° inextinguible,	feeds itself
	cada día más terrible	
1675	va creciendo y más voraz."	

[5] A *ripio* is a word or phrase used to satisfy the demands of versification or rhyme but otherwise superfluous.

	BRÍGIDA:	Es claro; esperar le hicieron	
		en vuestro amor algún día,	
		y 'hondas raíces° tenía	deep roots
		cuando a arrancársele° fueron.	to yank it away from him
		Seguid.	
1680	DOÑA INÉS:	*(Lee.)* "En vano a apagarla	
		concurren tiempo y ausencia,	
		que doblando su violencia	
		no hoguera ya, volcán es.	
		Y yo, que en medio del cráter	
1685		desamparado° batallo,	helpless
		suspendido en él me hallo	
		entre mi tumba y mi Inés."	
	BRÍGIDA:	¿Lo veis, Inés? Si ese horario	
		le despreciáis, al instante	
1690		le preparan el sudario.°	burial shroud
	DOÑA INÉS:	Yo desfallezco.°	I'm faint
	BRÍGIDA:	Adelante.	
	DOÑA INÉS:	*(Lee.)* "Inés, alma de mi alma,	
		perpetuo imán° de mi vida,	magnet
		perla sin concha° escondida	sea shell
1695		entre las algas del mar;	
		garza que nunca del nido°	nest
		tender osastes° el vuelo,	you dared
		el diáfano azul del cielo	
		para aprender a cruzar;	
1700		si es que a través de esos muros	
		el mundo apenada° miras,	grief-stricken
		y por el mundo suspiras	
		de libertad con afán,	
		acuérdate que al pie mismo	
1705		de esos muros que te guardan,	
		para salvarte te aguardan	
		los brazos de tu don Juan."	
		(Representa.)	
		¿Qué es lo que me pasa, ¡cielo!,	
		que me estoy viendo morir?	
1710	BRÍGIDA:	(Ya tragó° todo el anzuelo.°)	swallowed, bait
		Vamos, que está al concluir.	
	DOÑA INÉS:	*(Lee.)* "Acuérdate de quien llora	

al pie de tu celosía,[6]
1715 y allí le sorprende el día
y le halla la noche allí;
acuérdate de quien vive
sólo por ti, ¡vida mía!,
y que a tus pies volaría
si me llamaras a ti."
BRÍGIDA: ¿Lo veis? Vendría.
1720 DOÑA INÉS: ¡Vendría!
BRÍGIDA: A postrarse° a vuestros pies.   throw himself
DOÑA INÉS: ¿Puede?
BRÍGIDA: ¡Oh, sí!
DOÑA INÉS: ¡Virgen María!
BRÍGIDA: Pero acabad, doña Inés.
DOÑA INÉS: *(Lee.)* "Adiós, ¡oh luz de mis ojos!
1725 Adiós, Inés de mi alma:
medita,° por Dios, en calma   think over
las palabras que aquí van;
y si odias esa clausura,
que ser tu sepulcro debe;
1730 manda, que a todo se atreve
por tu hermosura don Juan."

(Representa doña Inés.)

¡Ay! ¿Qué 'filtro envenenado°   poisoned potion
me dan en este papel,
que el corazón desgarrado°   shameless
1735 me estoy sintiendo con él?
¿Qué sentimientos dormidos
son los que revela en mí?
¿Qué impulsos jamás sentidos?
¿Qué luz, que hasta hoy nunca vi?
1740 ¿Qué es lo que engendra° en mi alma   sows
tan nuevo y profundo afán?
¿Quién roba la dulce calma
de mi corazón?
BRÍGIDA: Don Juan.
DOÑA INÉS: ¿Don Juan dices...? Conque ese hombre

[6] A wood or iron grating at the window of cloistered convents permitting the nuns to see out without being seen.

1745	me ha de seguir 'por doquier?°	everywhere
	¿Sólo he de escuchar su nombre?	
	¿Sólo su sombra he de ver?	
	¡Ah! Bien dice: juntó el cielo	
	los destinos de los dos,	
1750	y en mi alma engendró este anhelo°	desire
	fatal.	

BRÍGIDA: ¡Silencio, por Dios!

(Se oyen dar las ánimas.)

DOÑA INÉS: ¿Qué?
BRÍGIDA: ¡Silencio!
DOÑA INÉS: Me estremeces.°   You're making me tremble.
BRÍGIDA: ¿Oís, doña Inés, tocar?
DOÑA INÉS: Sí, lo mismo que otras veces
1755   las ánimas oigo dar.
BRÍGIDA: Pues no habléis de él.
                            ¡Cielo santo!
DOÑA INÉS: ¿De quién?
BRÍGIDA: ¿De quién ha de ser?
            De ese don Juan que amáis tanto,
            porque puede aparecer.
1760   DOÑA INÉS: ¡Me amedrentas! ¿Puede ese hombre
            llegar hasta aquí?
BRÍGIDA: Quizá.
            Porque el eco de su nombre
            tal vez llega adonde está.
DOÑA INÉS: ¡Cielos! ¿Y podrá...?
BRÍGIDA: ¿Quién sabe?
1765   DOÑA INÉS: ¿Es un espíritu, pues?
BRÍGIDA: No, mas si tiene una llave...
DOÑA INÉS: ¡Dios!
BRÍGIDA: Silencio, Doña Inés,
            ¿no oís pasos?
DOÑA INÉS: ¡Ay! Ahora
            nada oigo.
BRÍGIDA: Las nueve dan.
1770   Suben...se acercan...Señora...
            Ya está aquí.
DOÑA INÉS: ¿Quién?
BRÍGIDA: Él.

DOÑA INÉS: ¡Don Juan!

ESCENA IV

DOÑA INÉS, DON JUAN, BRÍGIDA

DOÑA INÉS:	¿Qué es esto? Sueño… deliro.	
DON JUAN:	¡Inés de mi corazón!	
DOÑA INÉS:	¿Es realidad lo que miro	
1775	o es una fascinación°…?	hallucination
	Tenedme… apenas respiro…	
	Sombra…huye por compasión.	
	¡Ay de mí…!	

                 (Desmáyase° doña Inés y don Juan la sostie-   faints
                 ne. La carta de don Juan queda en el suelo
                 abandonada por doña Inés al desmayarse.)

BRÍGIDA:	La ha fascinado	
	vuestra repentina° entrada,	sudden
1780	y el pavor la ha trastornado.°	overwhelmed
DON JUAN:	Mejor: así nos ha ahorrado°	saved
	la mitad de la jornada.°	work
	¡Ea! No desperdiciemos°	waste
	el tiempo aquí en contemplarla,	
1785	si perdernos no queremos.	
	En los brazos a tomarla	
	voy, y cuanto antes ganemos°	reach
	ese claustro solitario.	
BRÍGIDA:	¡Oh! ¿Vais a sacarla así?	
1790 DON JUAN:	¡Necia!° ¿Piensas que rompí	fool
	la clausura, temerario,°	recklessly
	para dejármela aquí?	
	Mi gente abajo me espera:	
	sígueme.	
BRÍGIDA:	¡Sin alma estoy!	
1795	¡Ay! Este hombre es una fiera,°	beast
	nada le ataja ni altera…[7]	
	Sí, sí; a su sombra me voy.	

[7] "Nothing flusters or frightens him…."

ESCENA V

LA ABADESA :	Jurara que había oído	
	por estos claustros andar:	
1800	hoy a doña Inés velar	
	algo más la he permitido,	
	y me temo… Mas no están	
	aquí. ¿Qué pudo ocurrir	
	a las dos para salir	
1805	de la celda? ¿Dónde irán?	
	¡Hola! Yo las ataré°	will tie (figuratively)
	corto para que no vuelvan	
	a enredar° y me revuelvan	get tangled up
	a las novicias…sí, a fe.	
1810	Mas siento por allá fuera	
	pasos. ¿Quién es?	

ESCENA VI

LA ABADESA, LA TORNERA

TORNERA:	Yo, señora.	
ABADESA:	¿Vos en el claustro a esta hora?	
	¿Qué es esto, hermana tornera?	
TORNERA:	Madre abadesa, os buscaba.	
ABADESA:	¿Qué hay? Decid.	
1815 TORNERA:	Un noble anciano	
	quiere hablaros.	
ABADESA:	Es en vano.	
TORNERA:	Dice que es de Calatrava	
	caballero; que sus fueros[8]	
	le autorizan a este paso,	
1820	y que la urgencia del caso	
	le obliga al instante a veros.	
ABADESA:	¿Dijo su nombre?	
TORNERA:	El señor	
	Don Gonzalo Ulloa.	
ABADESA:	¿Qué	
	puede querer…? Abralé°	open for him

[8] A *fuero* is a legal privilege granted by rank. Here the nun refers to Don Gonzalo's right as commander of the order of Calatrava to enter the cloister of its convent.

1825   hermana: es Comendador
                            de la orden, y derecho
                            tiene en el claustro de entrada.

ESCENA VII

ABADESA: ¿A una hora tan avanzada
                            venir así…? No sospecho
1830   qué pueda ser…, mas me place,
                            pues no hallando a su hija aquí,
                            la reprenderá,° y así   *scold*
                            mirará otra vez lo que hace.

ESCENA VIII

LA ABADESA, DON GONZALO, LA TORNERA, *a la puerta*

DON GONZALO: Perdonad, madre abadesa,
1835   que en hora tal os moleste;
                            mas para mí asunto es éste
                            que honra y vida me interesa.
ABADESA: ¡Jesús!
DON GONZALO: Oíd.
ABADESA: Hablad, pues.
DON GONZALO: Yo guardé hasta hoy un tesoro
1840   de más quilates° que el oro,   *carats*
                            y ese tesoro es mi Inés.
ABADESA: A propósito.
DON GONZALO: Escuchad.
                            Se me acaba de decir
                            que han visto a su dueña ir
1845   ha poco por la ciudad
                            hablando con el criado
                            de un don Juan, de tal renombre°   *renown*
                            que no hay en la tierra otro hombre
                            tan audaz° ni tan malvado.   *audacious*
1850   En tiempo atrás se pensó
                            con él a mi hija casar,
                            y hoy, que se la fui a negar,
                            robármela me juró.
                            Que por el torpe doncel°   *infamous fellow (don Juan)*
1855   ganada° la dueña está   *won over*

no puedo dudarlo ya:
debo, pues, guardarme de él.
Y un día, una hora quizás
de imprevisión le bastara,
1860   para que mi honor manchara,°   stain
a ese hijo de Satanás.
He aquí mi inquietud cuál es;
por la dueña, en conclusión,
vengo; vos la profesión
1865   abreviad de doña Inés.[9]

ABADESA: Sois padre, y es vuestro afán
muy justo, Comendador;
mas ved que ofende a mi honor.

DON GONZALO: No sabéis quién es don Juan.

1870 ABADESA: Aunque le pintáis tan malo,
yo os puedo decir de mí,
que mientra° Inés esté aquí,   = mientras
segura está, Don Gonzalo.

DON GONZALO: Lo creo; mas las razones
1875   abreviemos; entregadme
a esa dueña, y perdonadme
mis mundanas opiniones.
Si vos de vuestra virtud
me respondéis, yo me fundo°   I am basing this
1880   en que conozco del mundo
la insensata° juventud.   foolish

ABADESA: Se hará como lo exigís.°   demand
Hermana tornera, id, pues,
a buscar a doña Inés
y a su dueña. *(Vase la tornera.)*

1885 DON GONZALO: ¿Qué decís,
señora? O traición me ha hecho
mi memoria, o yo sé bien
que ésta es hora de que estén
ambas a dos en su lecho.°   bed

1890 ABADESA: Ha un punto sentí a las dos
salir de aquí, no sé a qué.

DON GONZALO: ¡Ay! Por qué tiemblo° no sé.   tremble
¡Mas qué veo, santo Dios!
Un papel… Me lo decía

---

[9] Don Gonzalo wants Doña Inés to take her vows as a nun now.

1895   a voces mi mismo afán. *(Leyendo.)*
          "Doña Inés del alma mía…"
          Y la firma de don Juan.
          Ved…, ved…, esa prueba escrita.
          Leed ahí… ¡Oh! Mientras que vos
1900   por ella rogáis a Dios
          viene el diablo y os la quita.

ESCENA IX

LA ABADESA, DON GONZALO, LA TORNERA

TORNERA: Señora…
ABADESA: ¿Qué es?
TORNERA: Vengo muerta.
DON GONZALO: Concluid.
TORNERA: No acierto° a hablar…   I can't manage
          He visto a un hombre saltar
1905   por las 'tapias de la huerta.°   garden walls
DON GONZALO: ¿Veis? Corramos. ¡Ay de mí!
ABADESA: ¿Dónde vais, Comendador?
DON GONZALO: ¡Imbécil! tras de mi honor
          que os roban a vos de aquí.

FIN DEL ACTO TERCERO

Acto Cuatro

EL DIABLO A LAS PUERTAS DEL CIELO

Quinta° de don Juan Tenorio cerca de Sevilla y sobre el   country estate
Guadalquivir. Balcón en el fondo. Dos puertas a cada lado.

ESCENA PRIMERA

BRÍGIDA, CIUTTI

1910	BRÍGIDA:	¡Qué noche, válgame Dios!	
		A poderlo calcular	
		no me meto yo a servir	
		a tan 'fogoso galán.°	fiery man
		¡Ay, Ciutti! Molida° estoy;	beat
1915		no me puedo menear.°	get going
	CIUTTI:	Pues ¿qué os duele?	
	BRÍGIDA:	Todo el cuerpo	
		y toda el alma además.	
	CIUTTI:	¡Ya! No estáis acostumbrada	
		al caballo, es natural.	
1920	BRÍGIDA:	Mil veces pensé caer:	
		¡uf! ¡qué mareo!° ¡qué afán!	dizziness
		Veía yo unos tras otros	
		ante mis ojos pasar	
		los árboles, como en alas	
1925		llevados de un huracán,	
		tan apriesa y produciéndome	
		ilusión tan infernal,	
		que perdiera los sentidos	
		si tardamos en parar.	
1930	CIUTTI:	Pues de estas cosas veréis,	
		si en esta casa os quedáis,	
		lo menos seis por semana.	
	BRÍGIDA:	¡Jesús!	
	CIUTTI:	¿Y esa niña está	
		reposando° todavía?	resting
1935	BRÍGIDA:	¿Y a qué se ha de despertar?	

CIUTTI:	Sí, es mejor que abra los ojos	
	en los brazos de don Juan.	
BRÍGIDA:	Preciso es que tu amo tenga	
	algún diablo familiar.	
1940 CIUTTI:	Yo creo que sea él mismo	
	un diablo en carne mortal,	
	porque a lo que él, solamente	
	se arrojara Satanás.	
BRÍGIDA:	¡Oh! ¡El lance ha sido extremado!	
1945 CIUTTI:	Pero al fin logrado está.	
BRÍGIDA:	¡Salir así de un convento	
	en medio de una ciudad	
	como Sevilla!	
CIUTTI:	Es empresa	
	tan sólo para hombre tal.	
1950	Mas, ¡qué diablos!, si a su lado	
	la fortuna siempre va,	
	encadenado° a sus pies	chained
	duerme sumiso el azar.[1]	
BRÍGIDA:	Sí, decís bien.	
CIUTTI:	No he visto hombre	
1955	de corazón más audaz;	
	ni halla riesgo° que le espante°	risk, frightens
	ni encuentra dificultad	
	que al empeñarse en vencer	
	le haga un punto vacilar.°	waver
1960	A todo osado se arroja,	
	de todo se ve capaz,	
	ni mira dónde se mete,	
	ni lo pregunta jamás.	
	"Allí hay un lance," le dicen;	
1965	y él dice: "Allá va don Juan."	
	¡Mas ya tarda, vive Dios!	
BRÍGIDA:	Las doce en la catedral	
	han dado ha tiempo.	
CIUTTI:	Y de vuelta	
	debía a las doce estar.	
1970 BRÍGIDA:	Pero ¿por qué no se vino	
	con nosotros?	
CIUTTI:	Tiene allá,	

---

[1] "Fortune sleeps submissively."

	en la ciudad, todavía	
	cuatro cosas que arreglar.	
BRÍGIDA:	¿Para el viaje?	
CIUTTI:	Por supuesto;	
1975	aunque muy fácil será	
	que esta noche a los infernos	
	le hagan a él mismo viajar.	
BRÍGIDA:	¡Jesús, qué ideas!	
CIUTTI:	Pues digo,	
	¿son obras de caridad	
1980	en las que nos empleamos	
	para mejor esperar?	
	Aunque seguros estamos	
	como vuelva por acá.	
BRÍGIDA:	¿De veras, Ciutti?	
CIUTTI:	Venid	
1985	a este balcón y mirad.	
	¿Qué veis?	
BRÍGIDA:	Veo un bergantín°	brig (sail boat)
	que anclado° en el río está.	docked
CIUTTI:	Pues su patrón sólo aguarda	
	las órdenes de don Juan,	
1990	y salvos en todo caso	
	a Italia nos llevará.	
BRÍGIDA:	¿Cierto?	
CIUTTI:	Y nada receléis	
	por nuestra seguridad;	
	que es el barco más velero°	fast-sailing
1995	que boga° sobre la mar.	rows
BRÍGIDA:	¡Chist! Ya siento a° doña Inés.	I hear
CIUTTI:	Pues yo me voy, que don Juan	
	encargó que sola vos	
	debíais con ella hablar.	
2000 BRÍGIDA:	Y encargó bien, que yo entiendo	
	de esto.	
CIUTTI:	Adiós, pues.	
BRÍGIDA:	Vete en paz.	

ESCENA II

Doña Inés, Brígida

Doña Inés:	Dios mío, ¡cuánto he soñado!
	Loca estoy: ¿qué hora será?
	Pero ¿qué es esto?, ¡ay de mí!
2005		No recuerdo que jamás
	haya visto este aposento.
	¿Quién me trajo aquí?
Brígida:	Don Juan.
Doña Inés:	Siempre don Juan. ¿Mas conmigo
	aquí tú también estás,
	Brígida?
2010	Brígida:	Sí, doña Inés.
Doña Inés:	Pero dime, en caridad,
	¿dónde estamos? ¿Este cuarto
	es del convento?
Brígida:	No tal:
	aquello era un cuchitril° dump
2015		en donde no había más
	que miseria.
Doña Inés:	Pero en fin
	¿en dónde estamos?
Brígida:	Mirad,
	mirad por este balcón,
	y alcanzaréis° lo que va you will grasp
2020		desde un convento de monjas
	a una quinta de don Juan.
Doña Inés:	¿Es de don Juan esta quinta?
Brígida:	Y creo que vuestra ya.
Doña Inés:	Pero no comprendo, Brígida,
	lo que me hablas.
2025	Brígida:	Escuchad.
	Estabais en el convento
	leyendo con mucho afán
	una carta de don Juan,
	cuando estalló° en un momento broke out
2030		un incendio° formidable. fire
Doña Inés:	¡Jesús!
Brígida:	Espantoso,° inmenso; dreadful
	el humo era ya tan denso

	que el aire se hizo palpable.	
DOÑA INÉS:	Pues no recuerdo…	
BRÍGIDA:	Las dos	
2035	con la carta entretenidas,°	entertained
	olvidamos nuestras vidas,	
	yo oyendo y leyendo vos.	
	Y estaba, en verdad, tan tierna,°	tender
	que entrambas° a su lectura	both
2040	achacamos° la tortura	attributed
	que sentíamos interna.	
	Apenas ya respirar	
	podíamos, y las llamas°	flames
	prendían° ya en nuestras camas:	were catching fire
2045	nos íbamos a asfixiar°	suffocate
	cuando don Juan, que os adora	
	que rondaba° el convento,	was hanging around
	al ver crecer con el viento	
	la llama devastadora,°	devastating
2050	con inaudito° valor,	unheard of
	viendo que ibais a abrasaros,	
	se metió para salvaros	
	por donde pudo mejor.	
	Vos al verle así asaltar°	storm
2055	la celda tan de improviso,	
	os desmayasteis°…, preciso;	you fainted
	la cosa era de esperar.	
	Y él, cuando os vio caer así,	
	en sus brazos os tomó	
2060	y echó a huir;° yo le seguí,	flee
	y del fuego nos sacó.	
	¿Dónde íbamos a esta hora?	
	Vos seguíais desmayada,	
	yo estaba ya casi ahogada.°	asphyxiated
2065	Dijo, pues: "Hasta la aurora°	dawn
	en mi casa las tendré."	
	Y henos, doña Inés, aquí.	
DOÑA INÉS:	¿Conque ésta es su casa?	
BRÍGIDA:	Sí.	
DOÑA INÉS:	Pues nada recuerdo, a fe.	
2070	Pero…¡en su casa…! ¡Oh! Al punto	
	salgamos de ella…, yo tengo	
	la de mi padre.	

BRÍGIDA:	Convengo	
	con vos; pero es el asunto…	
DOÑA INÉS:	¿Qué?	
BRÍGIDA:	Que no podemos ir.	
2075 DOÑA INÉS:	Oír tal me maravilla.	
BRÍGIDA:	Nos aparta de Sevilla…	
DOÑA INÉS:	¿Quién?	
BRÍGIDA:	Vedlo, el Guadalquivir.	
DOÑA INÉS:	¿No estamos en la ciudad?	
BRÍGIDA:	ˈA una legua° nos hallamos	at a league (5.5 kilometer
	de sus murallas.°	walls
2080 DOÑA INÉS:	¡Oh! ¡Estamos	
	perdidas!	
BRÍGIDA:	¡No sé en verdad	
	por qué!	
DOÑA INÉS:	Me estás confundiendo,	
	Brígida…, y no sé qué redes	
	son las que entre estas paredes	
2085	temo que me estás tendiendo.°	setting out
	Nunca el claustro abandoné	
	ni sé del mundo exterior	
	los usos; mas tengo honor,	
	noble soy, Brígida, y sé	
2090	que la casa de don Juan	
	no es buen sitio para mí:	
	me lo está diciendo aquí	
	no sé qué escondido° afán.	hidden
	Ven, huyamos.°	let's flee
BRÍGIDA:	Doña Inés,	
2095	la existencia os ha salvado.	
DOÑA INÉS:	Sí, pero me ha envenenado°	poisoned
	el corazón.	
BRÍGIDA:	¿Le amáis, pues?	
DOÑA INÉS:	No sé…Mas, por compasión,	
	huyamos pronto de ese hombre,	
2100	tras de cuyo solo nombre	
	se me escapa el corazón.	
	¡Ah! Tú me diste un papel	
	de mano de ese hombre escrito,	
	y algún encanto° maldito	spell
2105	me diste encerrado° en él.	contained
	Una sola vez le vi	

por entre unas celosías,
y que estaba, me decías,
en aquel sitio por mí.

2110 Tú, Brígida, a todas horas
me venías de él a hablar
haciéndome recordar
sus gracias° fascinadoras.   charms
Tú me dijiste que estaba

2115 para mío destinado
por mi padre…, y 'me has jurado°   you have sworn to me
en su nombre que me amaba.
¿Que le amo, dices?… Pues bien,
si esto es amar, sí, le amo;

2120 pero yo sé que me infamo°   disgrace myself
con esa pasión también.
Y si el débil° corazón   weak
se me va tras de don Juan,
tirándome de él están

2125 mi honor y mi obligación.
Vamos, pues; vamos de aquí
primero que ese hombre venga;
pues fuerza acaso no tenga
si le veo junto a mí.
Vamos, Brígida.

2130 BRÍGIDA: Esperad.
¿No oís?

DOÑA INÉS: ¿Qué?

BRÍGIDA: Ruido de remos.°   oars

DOÑA INÉS: Sí, dices bien; volveremos
en un bote° a la ciudad.   row boat

BRÍGIDA: Mirad, mirad, doña Inés.

2135 DOÑA INÉS: Acaba…, por Dios, partamos.   let's leave

BRÍGIDA: Ya imposible que salgamos.

DOÑA INÉS: ¿Por qué razón?

BRÍGIDA: Porque él es
quien en ese barquichuelo°   small boat
se adelanta por el río.

2140 DOÑA INÉS: ¡Ay! ¡Dadme fuerzas, Dios mío!

BRÍGIDA: Ya llegó, ya está 'en el suelo.°   on the ground
Sus gentes nos volverán
a casa: mas antes de irnos
es 'preciso despedirnos°   necessary to say

2145		a lo menos de don Juan.	goodbye
	Doña Inés:	Sea, y vamos al instante:	
		No quiero volverle a ver.	
	Brígida:	(Los ojos te hará volver el encontrarle delante.)	
		Vamos.	
	Doña Inés:	Vamos.	
2150	Ciutti:	*(Dentro.)* Aquí están.	
	Don Juan:	*(Dentro.)* Alumbra.°	light
	Brígida:	¡Nos busca!	
	Doña Inés:	Él es.	

ESCENA III

DICHAS, DON JUAN

	Don Juan:	¿Adónde vais, doña Inés?	
	Doña Inés:	Dejadme salir, don Juan.	
	Don Juan:	¿Que os deje salir?	
	Brígida:	Señor,	
2155		sabiendo ya el accidente	
		del fuego, estará impaciente	
		por su hija el Comendador.	
	Don Juan:	¡El fuego! ¡Ah! No os dé cuidado	
		por Don Gonzalo, que ya	
2160		dormir tranquilo le hará	
		el mensaje que le he enviado.	
	Doña Inés:	¿Le habéis dicho…?	
	Don Juan:	Que os hallabais°	you were
		bajo mi amparo° segura,	protection
		y el aura del campo pura	
2165		libre por fin respirabais.°	you were breathing
		¡Cálmate, pues, vida mía!	
		Reposa aquí, y un momento	
		olvida de tu convento	
		la triste cárcel sombría.°	gloomy
2170		¡Ah! ¿No es cierto, ángel de amor,	
		que en esta apartada orilla°	bank
		más pura la luna brilla	
		y se respira mejor?	
		Esta aura que vaga° llena	floats
2175		de los sencillos olores	
		de las campesinas flores	

que brota esa orilla amena;°   pleasant
esa agua limpia y serena
que atraviesa° sin temor   crosses
2180   la barca del pescador
que espera cantando al día,
¿no es cierto, paloma mía,
que están respirando amor?
Esa armonía que el viento
2185   recoge entre esos millares
de floridos° olivares,   flowering
que agita° con manso° aliento;   stirs, gentle
ese dulcísimo acento
con que trina° el ruiseñor°   trills, nightingale
2190   de sus copas° morador°   tree-tops, dweller
llamando al cercano día,
¿no es verdad, gacela° mía,   gazelle
que están respirando amor?
Y estas palabras que están
2195   filtrando insensiblemente
tu corazón ya pendiente°   hanging
de los labios de don Juan,
y cuyas ideas van
inflamando en su interior
2200   un fuego germinador
no encendido todavía,
¿no es verdad, estrella mía,
que están respirando amor?
Y esas dos líquidas perlas
2205   que se desprenden° tranquilas   drop from
de tus radiantes pupilas
convidándome a beberlas,
evaporarse, a no verlas,
de sí mismas al calor;
2210   y ese encendido color
que en tu semblante no había,
¿no es verdad, hermosa mía,
que están respirando amor?
¡Oh! Sí, bellísima Inés
2215   espejo y luz de mis ojos;
escucharme sin enojos,
como lo haces, amor es:
mira aquí a tus plantas,° pues,   soles of your feet

		todo el altivo° rigor	noble
2220		de este corazón traidor	
		que rendirse° no creía,	to give up
		adorando, vida mía,	
		la esclavitud de tu amor.	
	DOÑA INÉS:	Callad, por Dios, ¡oh, don Juan!,	
2225		que no podré resistir	
		mucho tiempo sin morir	
		tan nunca sentido afán.	
		¡Ah! Callad por compasión,	
		que oyéndoos me parece	
2230		que mi cerebro enloquece°	is going crazy
		se arde° mi corazón.	burns
		¡Ah! Me habéis dado a beber	
		un filtro infernal, sin duda,	
		que a rendiros° os ayuda	give in to you
2235		la virtud de la mujer.	
		Tal vez poseéis, don Juan,	
		un misterioso amuleto°	amulet
		que a vos me atrae en secreto	
		como irresistible imán.	
2240		Tal vez Satán puso en vos:	
		su vista fascinadora,	
		su palabra seductora,	
		y el amor que negó a Dios.	
		¡Y qué he de hacer ¡ay de mí!	
2245		sino caer en vuestros brazos,	
		si el corazón 'en pedazos°	broken
		me vais robando de aquí?	
		No, don Juan, en poder mío	
		resistirte no está ya:	
2250		yo voy a ti como va	
		sorbido° al mar ese río.	drawn
		Tu presencia me enajena,°	dazes me
		tus palabras me alucinan,°	dazzle
		y tus ojos me fascinan,	
2255		y tu aliento° me envenena.	breath
		¡Don Juan! ¡Don Juan!, yo lo imploro	
		de tu hidalga° compasión:	noble
		o arráncame° el corazón,	tear out
		o ámame porque te adoro.	
2260	DON JUAN:	¡Alma mía! Esa palabra	

cambia de modo mi ser,
que alcanzo° que puede hacer   I grasp
hasta que el Edén se me abra.
No es, doña Inés, Satanás
2265   quien pone este amor en mí;
es Dios, que quiere por ti
ganarme para *Él* quizás.
No, el amor que hoy se atesora°   is treasured
en mi corazón mortal
2270   no es un amor terrenal
como el que sentí hasta ahora;
no es esa 'chispa fugaz°   fleeting spark
que cualquier ráfaga° apaga;°   gust, puts out
es incendio que se traga
2275   cuanto ve, inmenso, voraz.
Desecha,° pues, tu inquietud,   cast aside
bellísima doña Inés,
porque me siento a tus pies
capaz aún de la virtud.
2280   Sí, iré mi orgullo° a postrar   pride
ante el buen Comendador,
y o habrá de darme tu amor,
o me tendrá que matar.

DOÑA INÉS: ¡Don Juan de mi corazón!
2285   DON JUAN: ¡Silencio! ¿Habéis escuchado…?
DOÑA INÉS: ¿Qué?
DON JUAN: *(Mirando por el balcón.)*
                   Sí, una barca ha atracado°   landed
debajo de ese balcón.
Un hombre embozado de ella
2290   salta… Brígida, al momento
pasad a ese otro aposento,
perdonad, Inés bella,
si solo me importa estar.

DOÑA INÉS: ¿Tardarás?
DON JUAN: Poco ha de ser.
DOÑA INÉS: A mi padre hemos de ver.
2295   DON JUAN: Sí, en cuanto empiece a clarear.°   grow light
                   Adiós.

ESCENA IV

DON JUAN, CIUTTI

CIUTTI:	Señor.	
DON JUAN:	¿Qué sucede,° Ciutti?	is happening
CIUTTI:	Ahí está un embozado en veros muy empeñado.°	determined
DON JUAN:	¿Quién es?	

2300
CIUTTI: Dice que no puede
'descubrirse más que a vos,°   reveal his identity to oth
y que es cosa de tal priesa,   than you
que en ella se os interesa
la vida a entrambos° a dos.   both
DON JUAN: ¿Y en él no has reconocido
2305 marca ni señal alguna
que os oriente?
CIUTTI: Ninguna;
mas a veros decidido
viene.
DON JUAN: ¿Trae gente?
CIUTTI: No más
que los remeros° del bote.   oarsmen
DON JUAN: Que entre.

ESCENA V

DON JUAN; *luego* CIUTTI *y* DON LUIS, *embozado*

2310 DON JUAN: ¡Jugamos a escote
la vida....!² ¿Mas si es quizás
un traidor° que hasta mi quinta   traitor
me viene siguiendo el paso?
Hálleme, pues, por si acaso
2315 con las armas en la cinta.°   waist

(Se ciñe la espada° y suspende al cinto° un   puts on his sword, belt
par de pistolas que habrá colocado sobre la mesa
a su salida en la escena tercera. Al momento

² "Each out for his own life!"

*sale Ciutti conduciendo a don Luis, que,
embozado hasta los ojos, espera que se queden
solos. Don Juan hace una seña a Ciutti para que
se retire.° Lo hace.*

                 to leave

ESCENA VI

DON JUAN, DON LUIS

DON JUAN:	(Buen talante.°) Bien venido,
	caballero.
DON LUIS:	Bien hallado,
	señor mío.
DON JUAN:	Sin cuidado
	hablad.
DON LUIS:	Jamás lo he tenido.

                 manner

2320 DON JUAN: Decid, pues: ¿a qué venís
a esta hora y con tal afán?

DON LUIS: Vengo a mataros, don Juan.

DON JUAN: Según eso, sois don Luis.

DON LUIS: No os engañó el corazón,

2325 y el tiempo no malgastemos
los dos no cabemos°   fit
ya en la tierra.

DON JUAN: En conclusión,
señor Mejía, ¿es decir
que porque os gané la apuesta

2330 queréis que acabe la fiesta
con salirnos a batir?°   duel

DON LUIS: Estáis puesto en la razón:
la vida apostado habemos,°   = **hemos**
y 'es fuerza° que nos paguemos.   it's necessary

2335 DON JUAN: Soy de la misma opinión.
Mas ved que os debo advertir°   warn
que sois vos quien la ha perdido.

DON LUIS: Pues por eso os la he traído;
mas no creo que morir

2340 deba nunca un caballero,
que lleva en el cinto espada,
como una res° destinada   head of cattle
por su dueño al matadero.°   slaughterhouse

DON JUAN: Ni yo creo que resquicio°   slight chance

2345		habréis jamás encontrado	
		por donde me hayáis tomado	
		por 'un cortador de oficio.°	a butcher by profession
	DON LUIS:	De ningún modo; y ya veis	
		que, pues os vengo a buscar,	
2350		mucho en vos debo fiar.	
	DON JUAN:	No más de lo que podéis.	
		Y por mostraros mejor	
		mi generosa hidalguía,°	gentility
		decid si aún puedo, Mejía,	
2355		satisfacer vuestro honor.	
		Leal° la apuesta os gané;	fairly
		mas si tanto os ha escocido,°	wounded your pride
		mirad si halláis conocido	
		remedio, y le aplicaré.	
2360	DON LUIS:	No hay más que el que os he propuesto,°	proposed
		don Juan. Me habéis maniatado°	tied up
		y habéis la casa asaltado,°	stormed
		usurpándome° mi puesto;	taking over
		y pues el mío tomasteis	
2365		para triunfar de doña Ana,	
		no sois vos, don Juan, quien gana,	
		porque por otro jugasteis.	
	DON JUAN:	Ardides° del juego son.	tricks
	DON LUIS:	Pues no os los quiero pasar,	
2370		y por ellos a jugar	
		vamos ahora el corazón.[3]	
	DON JUAN:	¿Le arriesgáis,° pues, 'en revancha	risk
		de° doña Ana de Pantoja?	in exchange for
	DON LUIS:	Sí, y lo que tardo° me enoja°	tarry, angers
2375		en lavar tan fea mancha.°	stain
		Don Juan, yo la amaba, sí;	
		mas, con lo que habéis osado,°	dared
		imposible la hais° dejado	= habéis
		para vos y para mí.	
2380	DON JUAN:	¿Por qué la apostasteis, pues?	
	DON LUIS:	Porque no pude pensar	
		que lo pudierais lograr.	
		Y… vamos, por San Andrés,	

[3] Another case of hyperbaton: "Vamos a jugar el corazón ahora." In other words, let's wager our lives now.

		a reñir, que me impaciento.	
2385	DON JUAN:	Bajemos a la ribera.°	river bank
	DON LUIS:	Aquí mismo.	
	DON JUAN:	'Necio fuera:°	That would be foolish

¿no veis que en este aposento
prendieran° al vencedor?   they will catch
Vos traéis una barquilla.°   small boat

	DON LUIS:	Sí.	
2390	DON JUAN:	Pues que lleve a Sevilla	

al que quede.

	DON LUIS:	Eso es mejor;

salgamos, pues.

	DON JUAN:	Esperad.
	DON LUIS:	¿Qué sucede?
	DON JUAN:	Ruido siento.
	DON LUIS:	Pues no perdamos momento.

ESCENA VII

DON JUAN, DON LUIS, CIUTTI

2395	CIUTTI:	Señor, la vida salvad.	
	DON JUAN:	¿Qué hay, pues?	
	CIUTTI:	El Comendador,	

que llega con gente armada.

	DON JUAN:	Déjale franca° la entrada,	open

pero a él solo.

	CIUTTI:	Mas, señor…
	DON JUAN:	Obedéceme. *(Vase* CIUTTI.*)*

ESCENA VIII

DON JUAN, DON LUIS

2400	DON JUAN:	Don Luis,	

pues de mí os habéis fiado
cuanto dejáis demostrado
cuando a mi casa venís,
no dudaré en suplicaros,°   beg you
2405 pues mi valor conocéis
que un instante me aguardéis.°   wait

	DON LUIS:	Yo nunca 'puse reparos

en° valor que es tan notorio,   doubted
mas no me fío de vos.

2410   DON JUAN: Ved que las partes son dos
de la apuesta con Tenorio,
y que ganadas están.

DON LUIS: ¿Lograsteis a un tiempo…?

DON JUAN: Sí:
la del convento está aquí;

2415   y pues viene de don Juan
a reclamarla° quien puede,   take her back
cuando me podéis matar
no debo asunto dejar
tras mí que pendiente quede.

2420   DON LUIS: Pero mirad que meter
quien puede el lance impedir
entre los dos puede ser…

DON JUAN: ¿Qué?

DON LUIS: Excusaros de reñir.

DON JUAN: ¡Miserable…! De don Juan

2425   podéis dudar sólo vos;
mas aquí entrad, ¡vive Dios!,
y no tengáis tanto afán
por vengaros, que este asunto
arreglado° con ese hombre,   settled

2430   don Luis, yo os juro° a mi nombre   I swear
que nos batimos 'al punto.°   immediately

DON LUIS: Pero…

DON JUAN: ¡Con una legión
de diablos! Entrad aquí,
que harta° nobleza es en mí   more than enough

2435   aun daros satisfacción.
Desde ahí ved y escuchad;
franca tenéis esa puerta.
Si veis mi conducta incierta,
como os acomode° obrad.°   as you see fit, act

2440   DON LUIS: Me avengo,° si muy reacio°   I'll come out, reluctant
no andáis.

DON JUAN: Calculadlo vos
a placer: mas, ¡vive Dios!,
que para todo hay espacio.

(Entra don Luís en el cuarto que don Juan le señala.)

Ya suben. *(Don Juan escucha.)*
DON GONZALO: *(Dentro.)*
        ¿Dónde está?
DON JUAN: Él es.

ESCENA IX

DON JUAN, DON GONZALO

2445	DON GONZALO: ¿Adónde está ese traidor?	
	DON JUAN: Aquí está, Comendador.	
	DON GONZALO: ¿'De rodillas?°	On your knees?
	DON JUAN: Y a tus pies.	
	DON GONZALO: Vil eres hasta en tus crímenes	
	DON JUAN: Anciano, la lengua ten,°	hold
2450	y escúchame un solo instante.	
	DON GONZALO: ¿Qué puede en tu lengua haber	
	que borre° lo que tu mano	erases
	escribió en este papel?	
	¡Ir a sorprender, ¡infame!,°	vile one
2455	la cándida sencillez	
	de quien no pudo el veneno°	poison
	de esas letras precaver!°	protect herself against
	¡Derramar° en su alma virgen	pour
	traidoramente la hiel°	frost
2460	en que rebosa° la tuya,	overflows
	seca de virtud y fe!	
	¡Proponerse así enlodar°	sully
	de mis timbres° la alta prez,°	family crest, high honor
	si° fuera un harapo°	= **como si**, rag
2465	que desecha° un mercader!°	tosses out, merchant
	¿Ese es el valor, Tenorio,	
	de que blasonas?° ¿Esa es	boast
	la proverbial osadía	
	que te da al vulgo a temer?	
2470	¿Con viejos y con doncellas°	maidens
	la muestras…? Y ¿para qué?	
	¡Vive Dios! Para venir	
	sus plantas así a lamer,°	lick
	mostrándote a un tiempo ajeno°	a stranger to
2475	de valor y de honradez.	
	DON JUAN: ¡Comendador!	

DON GONZALO:	Miserable,	
	tú has robado a mi hija Inés	
	de su convento, y yo vengo	
	por tu vida o por mi bien.	

2480	DON JUAN:	Jamás delante de un hombre	
		mi alta cerviz° incliné,°	bowed my neck (head)
		ni he suplicado° jamás	begged
		ni a mi padre ni a mi rey.	

		Y pues conservo° a tus plantas	keep
2485		la postura° en que me ves,	position
		considera, Don Gonzalo,	
		que razón debo tener.	
	DON GONZALO:	Lo que tienes es pavor	
		de mi justicia.	
	DON JUAN:	¡Pardiez!	

2490		Óyeme, comendador,	
		o tenerme° no sabré	contain myself
		y seré quien siempre he sido,	
		no queriéndolo ahora ser.	
	DON GONZALO:	¡Vive Dios!	
	DON JUAN:	Comendador,	

2495		yo idolatro a doña Inés,	
		persuadido de que el cielo	
		nos la quiso conceder	
		para enderezar° mis pasos	smooth
		por el 'sendero del bien.°	path of righteousness
2500		No amé la hermosura en ella,	
		ni sus gracias adoré;	
		lo que adoro es la virtud,	
		don Gonzalo, en doña Inés.	
		Lo que justicias° ni obispos	lawmen
2505		no pudieron de mí hacer	
		con cárceles y sermones,	
		lo pudo su candidez°	purity
		Su amor me torna en otro hombre	
		regenerando° mi ser,	renewing
2510		y ella puede hacer un ángel	
		de quien un demonio fue.	
		Escucha, pues, don Gonzalo,	
		lo que te puede ofrecer	
		el audaz° don Juan Tenorio	audacious
2515		de rodillas a tus pies.	

	Yo seré esclavo° de tu hija,	slave
	en tu casa viviré,	
	tú gobernarás mi hacienda	
	diciéndome: *esto ha de ser.*	
2520	El tiempo que señalares	
	en reclusión° estaré;	retreat
	cuantas pruebas° exigieres°	tests you require
	de mi audacia o mi altivez,°	arrogance
	del modo que me ordenares,	
2525	con sumisión te daré:	
	y cuando estime° tu juicio	deems
	que la puedo merecer,°	deserve
	yo la daré un buen esposo	
	y ella me dará el Edén.	

2530 DON GONZALO: Basta, don Juan; no sé cómo
me he podido contener,
oyendo tan torpes pruebas° — proofs
de tu infame avilantez.° — villany
Don Juan, tú eres un cobarde
2535 cuando en la ocasión te ves,
y no hay bajeza a que no oses
como te saque con bien.⁴

DON JUAN: ¡Don Gonzalo!

DON GONZALO: Y me avergüenzo° — I am ashamed
de mirarte así a mis pies,
2540 lo que apostabas 'por fuerza° — by force
suplicando 'por merced° — by plea

DON JUAN: Todo así se satisface,
don Gonzalo, de una vez.

DON GONZALO: ¡Nunca, nunca! ¿Tú su esposo?
2545 Primero la mataré.
¡Ea! Entrégamela al punto
o, sin poderme valer,
en esa postura vil
'el pecho te cruzaré.° — I will run you through
2550 DON JUAN: Míralo bien, don Gonzalo, — (with the sword)
que vas a hacerme perder
con ella hasta la esperanza
de mi salvación tal vez.

---

⁴ "There's nothing so low that you wouldn't dare do it to try to come out ahead."

DON GONZALO: ¿Y qué tengo yo, don Juan,
2555   con tu salvación que ver?
DON JUAN: ¡Comendador, que me pierdes!⁵
DON GONZALO: Mi hija.
DON JUAN: Considera bien
                que por cuantos medios pude
                te quise satisfacer,
2560   y que con armas al cinto
                tus denuestos° toleré,   insults
                proponiéndote la paz
                de rodillas a tus pies.

ESCENA X

DICHOS; DON LUIS, *soltando una carcajada de burla*

DON LUIS: Muy bien, don Juan.
DON JUAN: ¡Vive Dios!
DON GONZALO: ¿Quién es ese hombre?
2565 DON LUIS: Un testigo
                de su miedo, y un amigo,
                Comendador, para vos.
DON JUAN: ¡Don Luis!
DON LUIS: Ya he visto bastante,
                don Juan, para conocer
2570   cuál uso puedes hacer
                de tu valor arrogante;
                y quien hiere° por detrás   wounds
                y se humilla° en la ocasión,°   bows, risky situation
                es tan vil como el ladrón
                que roba y huye.
2575 DON JUAN: ¿Esto más?
DON LUIS: Y pues la 'ira soberana°   mighty wrath
                de Dios junta, como ves,
                al padre de doña Inés
                y al vengador de doña Ana,
2580   mira el fin que aquí te espera
                cuando a igual tiempo te alcanza,
                aquí dentro su venganza
                y la justicia allá fuera.

---

⁵ Don Juan is accusing Don Gonzalo of damning his soul to hell.

	DON GONZALO:	¡Oh! Ahora comprendo…¿Sois vos	
		el que…?	
2585	DON LUIS:	Soy don Luis Mejía,	
		a quien a tiempo os envía	
		por vuestra venganza Dios.	
	DON JUAN:	¡Basta, pues, de tal suplicio!°	torment
		Si con hacienda° y honor	deeds
2590		ni os muestro ni doy valor	
		a mi franco° sacrificio,	sincere
		y la leal solicitud°	request
		con que ofrezco cuanto puedo	
		tomáis, ¡vive Dios!, por miedo	
2595		y os mofáis de° mi virtud,	mock at
		os acepto el que me dais	
		plazo breve y perentorio°	urgent
		para mostrarme el Tenorio	
		de cuyo valor dudáis.	
2600	DON LUIS:	Sea; y cae a nuestros pies,	
		digno al menos de esa fama	
		que por tan bravo te aclama.	
	DON JUAN:	Y 'venza el infierno,° pues.	let hell win
		Ulloa, pues mi alma así	
2605		vuelves a 'hundir en el vicio,°	sink into vice
		cuando Dios me llame a juicio	
		tú responderás por mí.	

(Le da un pistoletazo.)° — pistol shot

	DON GONZALO:	¡Asesino! *(Cae.)*	
	DON JUAN:	Y tú, insensato,°	fool
		que me llamas vil ladrón,	
2610		di en prueba de tu razón	
		que cara a cara te mato.	

(Riñen, y le da una estocada.)° — stab

	DON LUIS:	¡Jesús! *(Cae.)*	
	DON JUAN:	Tarde tu fe ciega	
		acude al cielo, Mejía,	
		y no fue por culpa mía;	
2615		pero la justicia llega,	
		y a fe que ha de ver quién soy.	

CIUTTI:	*(Dentro.)* ¿Don Juan?	
DON JUAN:	*(Asomando al balcón.)* ¿Quién es?	
CIUTTI:	*(Dentro.)* Por aquí;	
	salvaos.	
DON JUAN:	¿Hay paso?	
CIUTTI:	Sí;	
	arrojaos.°	jump
DON JUAN:	Allá voy.	

2620
                  Llamé al cielo° y no me oyó,   heaven
                  y pues sus puertas me cierra,
                  de mis pasos en la tierra
                  responda el cielo, y no yo.

(Se arroja por el balcón, y se le oye caer en el agua del río, al mismo tiempo que el ruido de los remos muestra la rapidez del barco en que parte; se oyen golpes en la puerta de la habitación; poco después entra la justicia, soldados, etc.)

ESCENA XI

ALGUACILES, SOLDADOS, *luego* DOÑA INÉS *y* BRÍGIDA

ALGUACIL 1:	El tiro° ha sonado aquí.	shot
ALGUACIL 2:	Aún hay humo.°	smoke
2625 ALGUACIL 1:	¡Santo Dios!	
	Aquí hay un cadáver.	
ALGUACIL 2:	Dos.	
ALGUACIL 1:	¿Y el matador?	
ALGUACIL 2:	Por allí.	

(Abren el cuarto en que está doña Inés y Brígida, y las sacan a la escena; doña Inés reconoce el cadáver de su padre.)

ALGUACIL 2:	¡Dos mujeres!	
DOÑA INÉS:	¡Ah, qué horror,	
	padre mío!	
ALGUACIL 1:	¡Es su hija!	
BRÍGIDA:	Sí.	
2630 DOÑA INÉS:	¡Ay! ¿Dó estás, don Juan, que aquí	
	me olvidas en tal dolor?	

ALGUACIL 1:	Él le asesinó.	
DOÑA INÉS:	¡Dios mío!	
	¿Me guardabas esto más?	
ALGUACIL 2:	Por aquí ese Satanás	
	se arrojó sin duda al río.	
ALGUACIL 1:	Miradlos…, a bordo están	
	del bergantín calabrés.°	Calabrian (Italian)
TODOS:	¡Justicia por doña Inés!	
DOÑA INÉS:	Pero no contra don Juan.	

(Cayendo de rodillas.)

FIN DEL ACTO CUARTO

Parte segunda

Acto Primero

LA SOMBRA DE DOÑA INÉS

Panteón de la familia Tenorio. El teatro representa un magnífico cementerio, hermoseado° a manera de jardín. En primer término,° aislados y de bulto¹, los sepulcros de don Gonzalo de Ulloa, de doña Inés y de don Luis Mejía, sobre los cuales se ven sus estatuas de piedra. El sepulcro de don Gonzalo a la derecha, y su estatua de rodillas; el de don Luis a la izquierda, y su estatua también de rodillas; el de doña Inés en el centro, y su estatua de pie. En segundo término otros dos sepulcros en la forma que convenga;° y en tercer término y en puesto elevado, el sepulcro y la estatua del fundador don Diego Tenorio, en cuya figura remata° la perspectiva de los sepulcros. Una pared llena de nichos y lápidas cubre el cuadro° hasta el horizonte. Dos llorones° a cada lado de la tumba de doña Inés dispuestos a servir de la manera que a su tiempo exige el juego escénico. Cipreses y flores de todas clases embellecen° la decoración, que no debe tener nada de horrible. La acción se supone en una tranquila noche de verano, y alumbrada° por una clarísima luna.

decorated, foreground

is suitable

ends up

scene, weeping willows

embellish

lit

ESCENA PRIMERA

EL ESCULTOR:	*(Disponiéndose a marchar)*		
2640	Pues, señor, es cosa hecha:		
	el alma del buen don Diego		
	puede, a mi ver, ˈcon sosiego°	peacefully
	reposar muy satisfecha.		
	La obra está rematada°	finished
2645	con cuanta suntuosidad°	sumptuousness
	su ˈpostrera voluntad°	last wish
	dejó al mundo encomendada.°	entrusted
	Y ya quisieran, ¡pardiez!,		
	todos los ricos que mueren		
2650	que su voluntad cumplieren		
	los vivos, como esta vez.		

¹ *De bulto* is stage jargon meaning in three dimensions instead of merely painted onto the set.

Mas ya de marcharme es hora:

todo corriente° lo dejo,   ready

y de Sevilla me alejo

2655 'al despuntar de la aurora.°   at the break of dawn

¡Ah! Mármoles que mis manos

pulieron° con tanto afán,°   carved, care

mañana os contemplarán

los absortos° sevillanos;   astonished

2660 y al mirar de este panteón

las gigantes proporciones,

tendrán las generaciones

la nuestra en veneración.

Mas yendo y viniendo días

2665 se hundirán° unas tras otras,   they will sink (pass away)

mientra en pie estaréis vosotras,

póstumas memorias mías.

¡Oh!, frutos de mis desvelos,°   nights spent laboring

peñas° a quien yo animé°   boulders, brought to life

2670 y por quienes arrostré°   I faced

la intemperie° de los cielos;   conditions

el que forma y ser os dio

va ya a perderos de vista;

¡velad mi gloria de artista,

2675 pues viviréis más que yo!

Mas ¿quién llega?

ESCENA II

EL ESCULTOR; DON JUAN, *que entra embozado*

ESCULTOR:	Caballero…
DON JUAN:	Dios le guarde.
ESCULTOR:	Perdonad,

mas ya es tarde, y…

DON JUAN: Aguardad°   wait

un instante, porque quiero

que me expliquéis…

2680 ESCULTOR: ¿'Por acaso°   by chance

sois forastero?°   stranger

DON JUAN: Años ha

que falto de España ya,

y me chocó el ver al paso,

cuando a esas verjas° llegué,   iron railing
que encontraba este recinto°   site
enteramente distinto
de cuando yo le dejé.

ESCULTOR: Yo lo creo; como que esto
era entonces un palacio,
y hoy es panteón el espacio
donde aquel estuvo puesto.

DON JUAN: ¡El palacio hecho panteón!

ESCULTOR: Tal fue de su antiguo dueño
la voluntad, y fue empeño
que dio al mundo admiración.

DON JUAN: ¡Y, por Dios, que es de admirar!

ESCULTOR: Es una famosa historia
a la cual debo mi gloria.

DON JUAN: ¿Me la podréis relatar?

ESCULTOR: Sí; aunque muy sucintamente,
pues me aguardan.

DON JUAN: Sea.

ESCULTOR: Oíd
la verdad pura.

DON JUAN: Decid,
que me tenéis impaciente.

ESCULTOR: Pues habitó esta ciudad
y este palacio heredado
un varón° muy estimado   man
por su noble calidad.

DON JUAN: Don Diego Tenorio.

ESCULTOR: El mismo.
Tuvo un hijo este don Diego
peor mil veces que el fuego,
un aborto del abismo.°   abyss
Un mozo sangriento° y cruel   savage
que, con tierra y cielo en guerra,
dicen que nada en la tierra
fue respetado por él.
Quimerista,° seductor   brawler
y jugador con ventura,
no hubo para él segura
vida, ni hacienda, ni honor.
Así le pinta la historia,
y si tal era, por cierto

Línea numbers: 2685, 2690, 2695, 2700, 2705, 2710, 2715, 2720

	que obró cuerdamente° el muerto	wisely
	para ganarse la gloria.	
DON JUAN:	Pues ¿cómo obró?	
ESCULTOR:	Dejó entera	
2725	su hacienda al que la empleara	
	en un panteón que asombrara	
	a la gente venidera.°	future
	Mas con condición que dijo	
	que se enterraran en él	
2730	los que a la mano cruel	
	sucumbieron° de su hijo.	succumbed (died)
	Y mirad 'en derredor°	around
	los sepulcros de los más	
	de ellos.	
DON JUAN:	¿Y vos sois quizás	
	el conserje?°	caretaker
2735 ESCULTOR:	El escultor	
	de estas obras encargado.°	commissioned
DON JUAN:	¡Ah! ¿Y las habéis concluido?	
ESCULTOR:	Ha un mes; mas me he detenido	
	hasta ver ese enverjado°	iron fence
2740	colocado° en su lugar,	placed
	pues he querido impedir	
	que pueda el vulgo venir	
	este sitio a profanar.°	vandalize
DON JUAN:	*(Mirando.)* ¡Bien empleó sus riquezas	
	el difunto!	
2745 ESCULTOR:	¡Ya lo creo!	
	Miradle allí.	
DON JUAN:	Ya le veo.	
ESCULTOR:	¿Le conocisteis?	
DON JUAN:	Sí.	
ESCULTOR:	Piezas	
	son todas muy parecidas°	life-like
	y a conciencia trabajadas.	
2750 DON JUAN:	¡Cierto que son extremadas!°	of high quality
ESCULTOR:	¿Os han sido conocidas	
	las personas?	
DON JUAN:	Todas ellas.	
ESCULTOR:	¿Y os parecen bien?	
DON JUAN:	Sin duda,	
	según lo que a ver me ayuda	

2755   el fulgor° de las estrellas.   shining
          ESCULTOR: ¡Oh! Se ven como de día
                              con esta luna tan clara.
                              Esta es mármol de Carrara.²

                              (Señalando a la de don Luis.)

          DON JUAN: ¡Buen busto es el de Mejía!

                              (Contempla las estatuas unas tras otras.)

2760   ¡Hola! Aquí el comendador
                              se representa muy bien.
          ESCULTOR: Yo quise poner también
                              la estatua del matador
                              entre sus víctimas, pero
2765   no pude a manos haber
                              su retrato… Un Lucifer
                              dicen que era el caballero
                              don Juan Tenorio.
          DON JUAN: ¡Muy malo!
                              Mas, como pudiera hablar,
2770   le había algo de abonar°   defend
                              la estatua de Don Gonzalo.
          ESCULTOR: ¿También habéis conocido
                              a don Juan?
          DON JUAN: Mucho.
          ESCULTOR: Don Diego
                              le abandonó desde luego,
                              desheredándole.°   disinheriting him
2775   DON JUAN: Ha sido
                              para don Juan poco daño
                              ése, porque la fortuna
                              va tras él desde la cuna.°   cradle
          ESCULTOR: Dicen que ha muerto.
          DON JUAN: Es engaño:
                              vive.
          ESCULTOR: ¿Y dónde?
2780   DON JUAN: Aquí, en Sevilla.
          ESCULTOR: ¿Y no teme que el furor

---

² Carrara is a Tuscan city known for its highly-valued marble.

	popular…?	
DON JUAN:	En su valor	
	no ha echado el miedo semilla.³	
ESCULTOR:	Mas cuando vea el lugar	
2785	en que está ya convertido	
	el solar° que suyo ha sido,	plot of land
	no osará en Sevilla estar.	
DON JUAN:	Antes ver tendrá a fortuna	
	en su casa reunidas	
	personas de él conocidas,	
2790	puesto que no odia a ninguna.	
ESCULTOR:	¿Creéis que ose aquí venir?	
DON JUAN:	¿Por qué no? Pienso, a mi ver,	
	que donde vino a nacer	
2795	justo es que venga a morir.	
	Y pues le quitan su herencia	
	para enterrar a éstos bien,	
	a él es muy justo también	
	que le entierren con decencia.	
2800 ESCULTOR:	Sólo a él le está prohibida	
	en este panteón la entrada.	
DON JUAN:	Trae don Juan muy buena espada,	
	y no sé quién se la impida.	
ESCULTOR:	¡Jesús! ¡Tal profanación!	
2805 DON JUAN:	Hombre es don Juan que, a querer,	
	volverá el palacio a hacer	
	encima del panteón.	
ESCULTOR:	¡Tan audaz ese hombre es	
	que aun a los muertos se atreve?	
2810 DON JUAN:	¿Qué respetos gastar debe	
	con los que tendió a sus pies?	
ESCULTOR:	Pero ¿no tiene conciencia	
	ni alma ese hombre?	
DON JUAN:	Tal vez no,	
	que al cielo una vez llamó	
2815	con voces de penitencia,	
	y el cielo en trance tan fuerte	
	allí mismo le metió,	
	que a dos inocentes dio	
	para salvarse la muerte.	

³ "…fear has never taken seed."

2820	ESCULTOR:	¡Qué monstruo, supremo Dios!
	DON JUAN:	Podéis estar convencido
		de que Dios no le ha querido.
	ESCULTOR:	Tal será.
	DON JUAN:	Mejor que vos.
	ESCULTOR:	(¿Y quién será el que a don Juan
2825		abona con tanto brío?°)

brío — spirit

Caballero, a pesar mío,
como aguardándome están...

DON JUAN: Idos, pues, enhorabuena.
ESCULTOR: He de cerrar.
DON JUAN: No cerréis,
                                            y marchaos.
2830 ESCULTOR: ¿Mas no veis...?
DON JUAN: Veo una noche serena
                    y un lugar que me acomoda
                    para gozar su frescura,
                    y aquí he de estar a mi holgura°   comfort
2835   si pesa° a Sevilla toda.   bothers
ESCULTOR: (¿Si acaso padecerá°   he suffers
                    de locura desvaríos?°)   mental imbalances
DON JUAN: *(Dirigiéndose a las estatuas.)*
                    Ya estoy aquí, amigos míos.
ESCULTOR: ¿No lo dije? Loco está.
2840 DON JUAN: Mas, ¡cielos, qué es lo que veo!
                    O es ilusión de mi vista,
                    o a doña Inés el artista
                    aquí representa, creo.
ESCULTOR: Sin duda.
DON JUAN: ¿También murió?
2845 ESCULTOR: Dicen que de sentimiento
                    cuando de nuevo al convento
                    abandonada volvió
                    por don Juan.
DON JUAN: ¿Y yace aquí?
ESCULTOR: Sí.
                         ¿La visteis muerta vos?
ESCULTOR: Sí.
DON JUAN: ¿Cómo estaba?
2850 ESCULTOR: ¡Por Dios
                    que dormida la creí!
                    La muerte fue tan piadosa

		con su cándida hermosura,
		que la envió con la frescura
2855		las tintas de la rosa.
	DON JUAN:	¡Ah! Mal la muerte podría
		deshacer con torpe mano
		el semblante soberano
		que un ángel envidiaría.°
2860		¡Cuán bella y cuán parecida
		su efigie en el mármol es!
		¡Quién pudiera, doña Inés,
		volver a darte la vida!
		¿Es obra del cincel° vuestro?
2865	ESCULTOR:	Como todas las demás.
	DON JUAN:	Pues bien merece algo más
		un retrato tan maestro.
		Tomad.
	ESCULTOR:	¿Qué me dais aquí?
	DON JUAN:	¿No lo veis?
	ESCULTOR:	Mas…caballero…
		¿por qué razón…?
2870	DON JUAN:	Porque quiero
		yo que os acordéis de mí.
	ESCULTOR:	Mirad que están bien pagadas.
	DON JUAN:	Así lo estarán mejor.
	ESCULTOR:	Mas vamos de aquí, señor,
2875		que aun las llaves entregadas
		no están, y al salir la aurora
		tengo que partir de aquí.
	DON JUAN:	Entregádmelas a mí,
		y marchaos desde ahora.
	ESCULTOR:	¿A vos?
2880	DON JUAN:	A mí: ¿qué dudáis?
	ESCULTOR:	Como no tengo el honor…
	DON JUAN:	Ea, acabad, escultor.
	ESCULTOR:	Si el nombre al menos que usáis
		supiera…
	DON JUAN:	¡Viven los cielos!
2885		Dejad a don Juan Tenorio
		velar el lecho mortuorio
		en que duermen sus abuelos.
	ESCULTOR:	¡Don Juan Tenorio!
	DON JUAN:	Yo soy.

(margin glosses:) would envy · chisel

2890

Y si no me satisfaces,
compañía juro que haces
a tus estatuas desde hoy.

ESCULTOR: *(Alargándole° las llaves.)*   handing out to him
Tomad. *(*No quiero la piel
dejar aquí entre sus manos.
Ahora que los sevillanos

2895   se las compongan° con él.*)* *(Vase.)*   deal

ESCENA III

DON JUAN: Mi buen padre empleó en esto
entera la hacienda mía;
hizo bien: yo al otro día
la hubiera a una carta puesto.[4]

2900   No os podéis quejar de mí,
vosotros a quien maté;
si buena vida os quité,
buena sepultura os di.
¡Magnífica es en verdad

2905   la idea de tal panteón!
Y… siento que el corazón
me halaga° esta soledad.   pleases
¡Hermosa noche…! ¡Ay de mí!
¡Cuántas como ésta tan puras

2910   en infames aventuras
desatinado° perdí!   crazily
¡Cuántas al mismo fulgor
de esa luna trasparente
arranqué a algún inocente

2915   la existencia o el honor!
Sí, después de tantos años
cuyos recuerdos me espantan,
siento que en mí se levantan
pensamientos en mí extraños.

2920   ¡Oh! Acaso me los inspira
desde el cielo en donde mora°   dwells
esa sombra protectora[5]
que por mi mal no respira.

[4] "I would have bet it all on a card."
[5] This refers to Doña Inés.

*(Se dirige a la estatua de doña Inés,
hablándole con respeto.)*

Mármol en quien doña Inés

2925   en cuerpo sin alma existe,
deja que el alma de un triste
llore un momento a tus pies.
De azares° mil a través   misfortunes
conservé tu imagen pura,

2930   pues la mala ventura
te asesinó de don Juan,
contempla con cuánto afán
vendrá hoy a tu sepultura.
En ti nada más pensó

2935   desde que se fue de ti;
y desde que huyó de aquí
sólo en volver meditó.
Don Juan tan sólo esperó
de doña Inés su ventura,

2940   y hoy que en pos de su hermosura
vuelve el infeliz don Juan,
mira cuál será su afán
al dar con tu sepultura.
Inocente doña Inés,

2945   cuya hermosa juventud
encerró en el ataúd°   coffin
quien llorando está a tus pies;
si de esa piedra a través
puedes mirar la amargura°   bitterness

2950   del alma que tu hermosura
adoró con tanto afán,
prepara un lado a don Juan
en tu misma sepultura.
Dios te crió por mi bien,
por ti pensé en la virtud,

2955   adoré su excelsitud
y anhelé su santo Edén.
Sí, aun hoy mismo en ti también
mi esperanza se asegura,

2960   que oigo una voz que murmura
en derredor de don Juan
palabras con que su afán

se calma en tu sepultura.
¡Oh doña Inés de mi vida!
2965   Si esa voz con quien deliro
es el postrimer suspiro
de tu eterna despedida;
si es que de ti desprendida°   came from
llega esa voz a la altura
2970   y hay un Dios tras esa anchura
por donde los astros van,
dile que mire a don Juan
llorando en tu sepultura.

(Se apoya en el sepulcro, ocultando° el rostro;   hiding
y mientras se conserva en esta postura, un vapor
que se levanta del sepulcro oculta la estatua de
doña Inés. Cuando el vapor se desvanece,° la   clears
estatua ha desaparecido. Don Juan sale de su
enajenamiento.°)   rapture

Este mármol sepulcral
2975   adormece° mi vigor,   calms
y sentir creo 'en redor°   = **alrededor**
un ser sobrenatural.
Mas…, ¡cielos! ¡El pedestal
no mantiene su escultura!
2980   ¿Qué es esto? ¿Aquella figura
fue creación de mi afán?

ESCENA IV

El llorón y las flores de la izquierda del sepulcro de doña Inés se
cambian en una apariencia,[6] dejando ver dentro de ella, en medio
de resplandores, la sombra de doña Inés.

DON JUAN, LA SOMBRA DE DOÑA INÉS

SOMBRA: No; mi espíritu, don Juan,
te aguardó en mi sepultura.
DON JUAN: *(De rodillas.)* ¡Doña Inés! Sombra querida,
2985   alma de mi corazón,

---

[6] This refers to a stage technique for switching background scenes.

　　　　　　　¡no me quites la razón
　　　　　　　si me has de dejar la vida!
　　　　　　　Si eres imagen fingida,°　　　　　　　　　faked
　　　　　　　sólo hija de mi locura,
2990　　　　　　no aumentes mi desventura
　　　　　　　burlando mi loco afán.

SOMBRA:　　　Yo soy doña Inés, don Juan,
　　　　　　　que te oyó en su sepultura.

DON JUAN:　　¿Conque° vives?　　　　　　　　　　　so

SOMBRA:　　　　　　　　Para ti;
2995　　　　　　mas tengo mi purgatorio
　　　　　　　en ese mármol mortuorio
　　　　　　　que labraron° para mí.　　　　　　　　made
　　　　　　　Yo a Dios mi alma ofrecí
　　　　　　　en precio de tu alma impura,
3000　　　　　　y Dios, al ver la ternura°　　　　　　tenderness
　　　　　　　con que te amaba mi afán,
　　　　　　　me dijo: "Espera a don Juan
　　　　　　　en tu misma sepultura.
　　　　　　　Y pues quieres ser tan fiel
3005　　　　　　a un amor de Satanás,
　　　　　　　con don Juan te salvarás,
　　　　　　　o te perderás con él.
　　　　　　　Por él vela: mas si cruel
　　　　　　　te desprecia tu ternura,
3010　　　　　　y en su torpeza y locura
　　　　　　　sigue con bárbaro afán,
　　　　　　　llévese tu alma don Juan
　　　　　　　de tu misma sepultura."

DON JUAN:　　*(Fascinado.)* ¡Yo estoy soñando quizás
3015　　　　　　con las sombras de un Edén!

SOMBRA:　　　No; y ve que si piensas bien
　　　　　　　a tu lado me tendrás;
　　　　　　　mas si obras mal causarás
　　　　　　　nuestra eterna desventura.
3020　　　　　　Y medita con cordura°　　　　　　　sanity
　　　　　　　que es esta noche, don Juan,
　　　　　　　el espacio que nos dan
　　　　　　　para buscar sepultura.
　　　　　　　Adiós, pues; y en la ardua lucha
3025　　　　　　en que va a entrar tu existencia,
　　　　　　　de tu dormida conciencia

la voz que va a alzarse escucha;
porque es de importancia mucha
meditar con sumo tiento
3030　　la elección de aquel momento
que, sin poder evadirnos,
al mal o al bien ha de abrirnos
la losa° del monumento.　　　　　　　　　　gravestone

(Ciérrase la apariencia; desaparece doña Inés,
y todo queda como al principio del acto menos
la estatua de doña Inés, que no vuelve a su lugar.
Don Juan queda atónito.)

ESCENA V

DON JUAN:　　¡Cielos! ¿Qué es lo que escuché?
3035　　¡Hasta los muertos así
dejan sus tumbas por mí!
Mas sombra, delirio fue.
Yo en mi mente le forjé;°　　　　　　　　　forged
la imaginación le dio
3040　　la forma en que se mostró,
y ciego vine a creer
en la realidad de un ser
que mi mente fabricó.
Mas nunca de modo tal
3045　　fanatizó° mi razón　　　　　　　　　　blinded
mi loca imaginación
con su poder ideal.
Sí, algo sobrenatural
vi en aquella doña Inés
3050　　tan vaporosa a través
aun de esa 'enramada espesa;°　　　　　　dense bramble
mas…, ¡bah!, circunstancia es ésa
que propia de sombras es.
¿Qué más diáfano y sutil
3055　　que las quimeras° de un sueño?　　　　apparitions
¿Dónde hay nada más risueño,
más flexible y más gentil?
¿Y no pasa veces mil
que en febril exaltación
3060　　ve nuestra imaginación

como ser y realidad
la vacía vanidad
de una anhelada ilusión?
¡Sí, por Dios, delirio fue!
3065 Mas su estatua estaba aquí.
Sí, yo la vi y la toqué,
y aun en albricias° le di   congratulations
al escultor no sé qué.
¡Y ahora sólo el pedestal
3070 veo en la urna funeral!
¡Cielos! La mente me falta,
o de improviso me asalta
algún vértigo infernal.
¿Qué dijo aquella visión?
3075 ¡Oh! Yo la oí claramente,
y su voz triste y doliente°   painful
resonó° en mi corazón.   echoed
¡Ah! ¡Y breves las horas son
del plazo que nos augura!°   foretells
3080 No, no; de mi calentura°   fever
delirio insensato es!
Mi fiebre fue a doña Inés
quien abrió la sepultura.
¡Pasad y desvaneceos;
3085 pasad, siniestros vapores
de mis perdidos amores
mis fallidos° deseos!   failed
Pasad, vanos devaneos
de un amor muerto al nacer;
3090 no me volváis a traer
entre vuestro torbellino°   whirlwind
ese fantasma divino
que recuerda una mujer!
¡Ah! ¡Estos sueños me aniquilan,
3095 mi cerebro se enloquece…
y esos mármoles parece
que estremecidos° vacilan°!   trembling, they move

(Las estatuas se mueven lentamente y
vuelven la cabeza hacia él.)

Sí, sí: ¡sus bustos oscilan,

	su vago contorno medra°…!	grows
3100	Pero don Juan no se arredra:°	is not daunted
	¡alzaos, fantasmas vanos,	
	y os volveré con mis manos	
	a vuestros lechos de piedra!	
	No, no me causan pavor	
3105	vuestros semblantes esquivos;°	deceitful
	jamás, ni muertos ni vivos,	
	humillaréis mi valor.	
	Yo soy vuestro matador	
	como al mundo es bien notorio;	
3110	si en vuestro alcázar mortuorio	
	me aprestáis venganza fiera,°	terrible
	daos prisa: aquí os espera	
	otra vez don Juan Tenorio.	

ESCENA VI

DON JUAN, EL CAPITÁN CENTELLAS, AVELLANEDA

CENTELLAS: *(Dentro.)*
                    ¿Don Juan Tenorio?
DON JUAN: *(Volviendo en sí.)*
                                    ¿Qué es eso?
3115   ¿Quién me repite mi nombre?
AVELLANEDA: *(Saliendo.)*
                    ¿Veis a alguien? *(A Centellas.)*
CENTELLAS: *(Idem.)*
                                    Sí, allí hay un hombre.
DON JUAN: ¿Quién va?
AVELLANEDA: Él es.
CENTELLAS: *(Yéndose a don Juan.)*
                                    Yo pierdo el seso
                    con la alegría. ¡Don Juan!
AVELLANEDA: ¡Señor Tenorio!
DON JUAN: ¡Apartaos,
                    vanas sombras!
3120   CENTELLAS: Reportaos,
                    señor don Juan… Los que están
                    en vuestra presencia ahora
                    no son sombras, hombres son,
                    y hombres cuyo corazón

3125 vuestra amistad atesora.
A la luz de las estrellas
os hemos reconocido,
y un abrazo hemos venido
a daros.

DON JUAN: Gracias, Centellas.

3130 CENTELLAS: Mas ¿qué tenéis? ¡Por mi vida
que os tiembla el brazo, y está
vuestra faz descolorida!

DON JUAN: *(Recobrando su aplomo.°)*   recovering his aplomb
La luna tal vez lo hará.

AVELLANEDA: Mas, don Juan, ¿qué hacéis aquí?

3135 ¿Este sitio conocéis?

DON JUAN: ¿No es un panteón?

CENTELLAS: ¿Y sabéis
a quién pertenece?

DON JUAN: A mí:
mirad a mi alrededor
y no veréis más que amigos

3140 de mi niñez o testigos
de mi audacia y mi valor.

CENTELLAS: Pero os oímos hablar:
¿con quién estabais?

DON JUAN: Con ellos.

CENTELLAS: ¿Venís aún a escarnecellos?°   mock them

3145 DON JUAN: No, los vengo a visitar.
Mas un vértigo insensato
que la mente me asaltó
un momento me turbó,
y a fe que me dio mal rato.

3150 Esos fantasmas de piedra
me amenazaban° tan fieros,°   threatened, fiercely
que a mí acercado a no haberos
pronto...

CENTELLAS: ¡Ja!, ¡ja!, ¡ja! ¿Os arredra,
don Juan, como a los villanos,

3155 el temor de los difuntos?

DON JUAN: No, a fe; contra todos juntos
tengo aliento y tengo manos.
Si volvieran a salir
de las tumbas en que están,

3160 a las manos de don Juan

volverían a morir.
Y desde aquí en adelante
sabed, señor capitán,
que yo soy siempre don Juan,
3165   y no hay cosa que me espante.
Un vapor calenturiento
un punto me fascinó,
Centellas, mas ya pasó:
cualquiera duda un momento.

AVELLANEDA
y CENTELLAS: Es verdad.
3170   DON JUAN: Vamos de aquí.
CENTELLAS: Vamos, y nos contaréis
cómo a Sevilla volvéis
tercera vez.

DON JUAN: Lo haré así,
si mi historia os interesa:
3175   y a fe que oirse merece,
aunque mejor me parece
que la oigáis 'de sobremesa.°   *after dinner*
¿No opináis…?

AVELLANEDA
y CENTELLAS: Como gustéis.
DON JUAN: Pues bien: cenaréis conmigo
y en mi casa.
3180   CENTELLAS: Pero digo,
¿es cosa de que dejéis
algún huésped° por nosotros?   *guest*
¿No tenéis gato encerrado?[7]
DON JUAN: ¡Bah! Si apenas he llegado:
3185   no habrá allí más que vosotros
esta noche.
CENTELLAS: ¿Y no hay tapada°   *veiled woman*
a quien algún plantón demos?[8]
DON JUAN: Los tres solos cenaremos.
Digo, si de esta jornada
3190   no quiere igualmente ser
alguno de éstos.

(Señalando a las estatuas de los sepulcros.)

---

[7] A *gato encerrado* is something hidden, a secret. Centellas wonders if Don Juan is scheming.
[8] "… to whom we can give the slip."

CENTELLAS:	Don Juan,
	dejad tranquilos yacer
	a los que con Dios están.
DON JUAN:	¡Hola! ¡Parece que vos
3195	sois ahora el que teméis
	y mala cara ponéis
	a los muertos? Mas, ¡por Dios,
	que ya que de mi os burlasteis
	cuando me visteis así,
3200	en lo que penda° de mí **= dependa**
	os mostraré ʹcuánto errasteis!° how wrong you were
	Por mí, pues, no ha de quedar
	y, a poder ser, estad ciertos
	que cenaréis con los muertos,
3205	y os los voy a convidar.° invite
AVELLANEDA:	Dejaos de esas quimeras.
DON JUAN:	¿Duda en mi valor ponerme
	cuando hombre soy para hacerme
	platos de sus calaveras?
3210	Yo a nada tengo pavor.

*(Dirigiéndose a la Estatua de don
Gonzalo, que es la que tiene más cerca.)*

	Tú eres el más ofendido;
	mas, si quieres, te convido
	a cenar, Comendador.
	Que no lo puedas hacer
3215	creo, y es lo que me pesa;
	mas por mi parte en la mesa
	te haré un cubierto° poner. place setting
	Y a fe que favor me harás,
	pues podré saber de ti
3220	si hay más mundo que el de aquí
	y otra vida, en que jamás
	a decir verdad creí.
CENTELLAS:	Don Juan, eso no es valor;
	locura, delirio es.
3225 DON JUAN:	Como lo juzguéis mejor;
	yo cumplo así. Vamos, pues.
	Lo dicho, Comendador.

FIN DEL ACTO PRIMERO

Acto Segundo

LA ESTATUA DE DON GONZALO

*Aposento de don Juan Tenorio. Dos puertas en el fondo a
derecha e izquierda, preparadas para el juego escénico del
acto. Otra puerta en el bastidor° que cierra la decoración por la*   stage wing
*izquierda. Ventana en el de la derecha. Al alzarse el telón están
sentados a la mesa don Juan, Centellas y Avellaneda. La mesa
ricamente servida, el mantel° cogido con guirnaldas° de flores, etc.*   tablecloth, garlands
*Enfrente del espectador, don Juan, y a su izquierda Avellaneda;
en el lado izquierdo de la mesa Centellas, y en el de enfrente de
éste una silla y un cubierto desocupados.*

ESCENA PRIMERA

DON JUAN, EL CAPITAN CENTELLAS,
AVELLANEDA, CIUTTI, UN PAJE

DON JUAN:	Tal es mi historia, señores:	
	pagado° de mi valor,	admired
3230	quiso el mismo emperador[1]	
	dispensarme sus favores.	
	Y aunque oyó mi historia entera,	
	dijo: 'Hombre de tanto brío	
	merece el amparo° mío;	aid
3235	vuelva a España cuando quiera.''	
	Y heme aquí en Sevilla ya.	
CENTELLAS:	¡Y con qué lujo y riqueza!	
DON JUAN:	Siempre vive con grandeza	
	quien hecho a grandeza está.	
CENTELLAS:	A vuestra vuelta.	
3240 DON JUAN:	Bebamos.	
CENTELLAS:	Lo que no acierto a creer	
	es cómo, llegando ayer,	
	ya establecido os hallamos.	
DON JUAN:	Fue el adquirirme; señores,	

[1] Charles V.

3245		tal casa con tal boato,°	show

3245   tal casa con tal boato,°   show
         porque se vendió a barato
         para pago de acreedores.°   creditors
         Y como al llegar aquí
         desheredado me hallé,
3250   tal como está la compré.

CENTELLAS: ¿Amueblada° y todo?   furnished

DON JUAN: Sí.
         Un necio que se arruinó
         por una mujer, vendióla.

CENTELLAS: ¿Y vendió la hacienda sola?

DON JUAN: Y el alma al diablo.

3255 CENTELLAS: ¿Murió?

DON JUAN: De repente; y la justicia,
         que iba a hacer de cualquier modo
         pronto despacho de todo,
         viendo que yo su codicia°   greed
3260   saciaba, pues los dineros
         ofrecía dar al punto,
         'cedióme el caudal por junto²
         y estafó° a los usureros.   swindled

CENTELLAS: Y la mujer, ¿qué fue de ella?

3265 DON JUAN: Un escribano° la pista°   clerk, track
         la siguió, pero fue lista
         y escapó.

CENTELLAS: ¿Moza?

DON JUAN: Y muy bella.

CENTELLAS: Entrar hubiera debido
         en los muebles de la casa.

3270 DON JUAN: Don Juan Tenorio no pasa
         moneda que se ha perdido.
         Casa y bodega he comprado,
         dos cosas que, no os asombre,
         pueden bien hacer a un hombre
3275   vivir siempre acompañado,
         como lo puede mostrar
         vuestra agradable presencia,
         que espero que con frecuencia
         me hagáis ambos disfrutar.

3280 CENTELLAS: Y nos haréis honra inmensa.

² "He turned the entire estate over to me …"

DON JUAN:	Y a mí vos. ¡Ciutti!
CIUTTI:	¿Señor?
DON JUAN:	Pon vino al Comendador.

(Señalando el vaso del puesto vacío.)

AVELLANEDA:	Don Juan, ¿aún en eso piensa
	vuestra locura?
DON JUAN:	¡Sí, a fe!

3285   Que si él no puede venir,
de mí no podréis decir
que en ausencia no le honré.

CENTELLAS: ¡Ja, ja, ja! Señor Tenorio,
creo que vuestra cabeza
3290   va menguando° en fortaleza.   diminishing

DON JUAN: Fuera en mi contradictorio
y ajeno de mi hidalguía
a un amigo convidar
y no guardarle el lugar
3295   mientras que llegar podría.
Tal ha sido mi costumbre
siempre, y siempre ha de ser ésa;
y el mirar sin él la mesa
me da, en verdad, pesadumbre.
3300   Porque si el Comendador
es, difunto, tan tenaz
como vivo, es muy capaz
de 'seguirnos el humor.°   catching up with us

CENTELLAS: Brindemos° a su memoria,   Let's toast
3305   y más en él no pensemos.

DON JUAN: Sea.

CENTELLAS: Brindemos.

AVELLANEDA
y DON JUAN: Brindemos.

CENTELLAS: A que Dios le dé su gloria.

DON JUAN: Mas yo, que no creo que haya
más gloria que esta mortal
3310   no hago mucho en brindis tal;
mas por complaceros, ¡vaya!
Y brindo a que Dios te dé
la gloria, Comendador.

(Mientras beben se oye lejos un aldabonazo,°   loud knock
que se supone dado en la puerta de la calle.)

Mas ¿llamaron?
CIUTTI: Sí, señor.
DON JUAN: Ve quién.
CIUTTI: *(Asomando por la ventana.)*
3315   A nadie se ve.
¿Quién va allá? Nadie responde.
CENTELLAS: Algún chusco.°   prankster
AVELLANEDA: Algún menguado°   fool
que al pasar habrá llamado
sin mirar siquiera dónde.
DON JUAN: *(A Ciutti.)*
3320   Pues cierra y sirve licor.

(Llaman otra vez 'más recio.°)   harder

Mas ¿llamaron otra vez?
CIUTTI: Sí.
DON JUAN: Vuelve a mirar.
CIUTTI: ¡Pardiez!
A nadie veo, señor.
DON JUAN: ¡Pues por Dios que del bromazo
3325   quien es no se ha de alabar!°   praise
Ciutti, si vuelve a llamar,
suéltale un pistoletazo.

(Llaman otra vez, y se oye un poco más cerca.)

¿Otra vez?
CIUTTI: ¡Cielos!
CENTELLAS
y AVELLANEDA: ¿Qué pasa?
CIUTTI: Que esa aldabada° postrera   knock
3330   ha sonado en la escalera,
no en la puerta de la casa.
AVELLANEDA
y CENTELLAS: ¿Qué dices?

(Levantándose asombrados.)

CIUTTI:	Digo lo cierto	
	nada más: dentro han llamado	
	de la casa.	
DON JUAN:	¿Qué ós ha dado?	
3335		¿Pensáis ya que sea el muerto?	
	Mis armas cargué con bala;	
	Ciutti, sal a ver quién es.	

(Vuelven a llamar más cerca.)

AVELLANEDA:	¿Oísteis?	
CIUTTI:	¡Por San Ginés,	
	¡que eso ha sido en la antesala!°	foyer
3340	DON JUAN:	¡Ah! Ya lo entiendo; me habéis	
	vosotros mismos dispuesto	
	esta comedia, supuesto	
	que lo del muerto sabéis.	
AVELLANEDA:	Yo os juro,° don Juan…	swear
CENTELLAS:	Y yo.	
3345	DON JUAN:	¡Bah! Diera en ello el más topo;³	
	y apuesto a que ese galopo°	ruffian (Ciutti)
	los medios para ello os dio.	
AVELLANEDA:	Señor don Juan, escondido	
	algún misterio hay aquí.	

(Vuelven a llamar más cerca.)

CENTELLAS:	¡Llamaron otra vez!	
3350	CIUTTI:	Sí;	
	ya en el salón ha sido.	
DON JUAN:	¡Ya! Mis 'llaves en manojo°	set of keys
	habréis dado a la fantasma,	
	y que entre así no me pasma°;	stuns
3355		mas no saldrá a vuestro antojo,	
	ni me han de impedir cenar	
	vuestras farsas desdichadas.°	wretched

(Se levanta, y corre los cerrojos° de las   bolts
puertas del fondo volviendo a su lugar.)

---

³ A *topo* is a mole; in a figurative sense, a person who is *topo* sees and comprehends little.

		Ya están las puertas cerradas:	
		ahora el coco,° para entrar,	boogey-man
3360		tendrá que echarlas al suelo,	
		y en el punto que lo intente	
		que con los muertos se cuente,	
		y apele° después al cielo.	call
	CENTELLAS:	¡Qué diablos, tenéis razón!	
	DON JUAN:	¿Pues no temblabais?	
3365	CENTELLAS:	Confieso	
		que, en tanto que no di en eso,	
		tuve un poco de aprensión.	
	DON JUAN:	¿Declaráis, pues, vuestro enredo?°	scheme
	AVELLANEDA:	Por mi parte nada sé.	
	CENTELLAS:	Ni yo.	
3370	DON JUAN:	Pues yo volveré	
		contra el inventor el miedo.	
		Mas sigamos con la cena;	
		vuelva cada uno a su puesto,	
		que luego sabremos de esto.	
	AVELLANEDA:	Tenéis razón.	
	DON JUAN:	*(Sirviendo a Centellas.)*	
3375		Cariñena;[4]	
		sé que os gusta, capitán.	
	CENTELLAS:	Como que somos paisanos.°	fellow countrymen
	DON JUAN:	*(A Avellaneda, sirviéndole de otra botella.)*	
		Jerez[5] a los sevillanos,	
		don Rafael.	
	AVELLANEDA:	Habéis, don Juan,	
3380		dado a entrambos por el gusto;	
		mas ¿con cuál brindaréis vos?	
	DON JUAN:	Yo haré justicia a los dos.	
	CENTELLAS:	Vos siempre estáis en lo justo.	
	DON JUAN:	Sí, a fe; bebamos.	
	AVELLANEDA		
	y CENTELLAS:	Bebamos.	

*(Llaman a la misma puerta de la escena,
fondo derecha.)*

---

[4] A Spanish wine from Aragon.
[5] Sherry, a Spanish wine from Jerez.

3385	DON JUAN:	Pesada me es ya tal broma,
		mas veremos quién asoma
		mientras en la mesa estamos.

(A Ciutti, que se manifiesta asombrado.)

		¿Y qué haces tú ahí, bergante?°
		¡Listo! Trae otro manjar;° *(Vase Ciutti.)*
3390		mas me ocurre en este instante
		que nos podemos mofar°
		de los de afuera invitándoles
		a probar su sutileza,°
		entrándose hasta esta pieza
3395		y sus puertas no franqueándoles.°
	AVELLANEDA:	Bien dicho.
	CENTELLAS:	Idea brillante.

scoundrel
dish

mock

deftness

unlocking them

(Llaman fuerte, fondo derecha.)

	DON JUAN:	¡Señores! ¿A qué llamar?
		Los muertos se han de filtrar
		por la pared; adelante.

*(La Estatua de don Gonzalo pasa por la
puerta sin abrirla, y sin hacer ruido.)*

ESCENA II

DON JUAN, CENTELLAS, AVELLANEDA,
y LA ESTATUA DE DON GONZALO

	CENTELLAS:	¡Jesús!
	AVELLANEDA:	¡Dios mío!
3400	DON JUAN:	¡Qué es esto!
	AVELLANEDA:	Yo desfallezco.° *(Cae desvanecido.)*
	CENTELLAS:	Yo expiro. *(Cae lo mismo.)*
	DON JUAN:	¡Es realidad o deliro!
		Es su figura…, su gesto.
	ESTATUA:	¿Por qué te causa pavor
3405		quien convidado a tu mesa
		viene por ti?
	DON JUAN:	¡Dios! ¿No es ésa

faint

	la voz del Comendador?
ESTATUA:	Siempre supuse que aquí
	no me habías de esperar.
3410 DON JUAN:	Mientes, porque hice arrimar
	esa silla para ti.
	Llega, pues, para que veas
	que, aunque dudé en un extremo
	de sorpresa, no te temo,
3415	aunque el mismo Ulloa seas.
ESTATUA:	¿Aún lo dudas?
DON JUAN:	No lo sé.
ESTATUA:	Pon, si quieres, hombre impío,°
	tu mano en el mármol frío
	de mi estatua.
DON JUAN:	¿Para qué?
3420	Me basta oírlo de ti;
	cenemos, pues; mas te advierto…
ESTATUA:	¿Qué?
DON JUAN:	Que, si no eres el muerto,
	lo vas a salir de aquí.
	¡Eh! Alzad. *(A Centellas y Avellaneda.)*
ESTATUA:	No pienses, no,
3425	que se levanten, don Juan
	porque en sí no volverán
	hasta que me ausente yo.
	Que la divina clemencia
	del Señor para contigo
3430	no requiere más testigo
	que tu juicio y tu conciencia.
	Al sacrílego convite
	que me has hecho en el panteón,
	para alumbrar tu razón,
3435	Dios asistir me permite.
	Y heme que vengo en su nombre
	a enseñarte la verdad;
	y es: que hay una eternidad
	tras de la vida del hombre.
3440	Que numerados están
	los días que has de vivir,
	y que tienes que morir
	mañana mismo, don Juan.
	Mas, como esto que a tus ojos

unbelieving (gloss for *impío* at line 3416)

3445   está pasando supones
ser del alma aberraciones
y de la aprensión antojos,
Dios, en su santa clemencia,
te concede todavía,
3450   don Juan, hasta el nuevo día
para ordenar tu conciencia.
Y su justicia infinita
por que conozcas mejor,
espero de tu valor
3455   que me pagues la visita.
¿Irás, don Juan?

DON JUAN: Iré, sí;
mas me quiero convencer
de lo vago° de tu ser
antes que salgas de aquí. *(Coge una pistola.)*
3460 ESTATUA: Tu necio orgullo delira,
don Juan; los hierros más gruesos
y los muros más espesos
se abren a mi paso; mira.

(Desaparece la Estatua 'sumiéndose por°   passing through
la pared.)

ESCENA III

DON JUAN, AVELLANEDA, CENTELLAS

DON JUAN: ¡Cielos! ¡Su esencia se trueca°   transforms
3465   el muro hasta penetrar,
cual mancha de agua que seca
el ardor canicular!°   dog-day[6]
¿No me dijo: "El mármol toca
de mi estatua"? ¿Cómo, pues,
3470   se desvanece una roca?
¡Imposible! Ilusión es.
Acaso su antiguo dueño
mis cubas° envenenó,   casks
y el licor tan vano ensueño°   day-dream
3475   en mi mente levantó.
¡Mas si éstas que sombras creo

[6] The dog days coincide with the height of summer heat.

espíritus reales son
que por celestial empleo
llaman a mi corazón!
3480   Entonces, para que iguale
su penitencia don Juan
con sus delitos, ¿qué vale
el plazo ruin que le dan?
¡Dios me da tan sólo un día…!
3485   Si fuese Dios en verdad,
a más distancia pondría
su aviso y mi eternidad.
"Piensa bien, que al lado tuyo
me tendrás…," dijo de Inés
3490   la sombra, y si bien arguyo,
pues no la veo, sueño es.

*(Transparéntase en la pared la sombra
de doña Inés.)*

ESCENA IV

DON JUAN, LA SOMBRA DE DOÑA INÉS, CENTELLAS
y AVELLANEDA, *dormidos*

SOMBRA: Aquí estoy.
DON JUAN: ¡Cielos!
SOMBRA: Medita
lo que al buen Comendador
has oído, y ten valor
3495   para acudir a su cita.
Un punto se necesita
para morir con ventura;
elígele con cordura
porque mañana, don Juan,
3500   nuestros cuerpos dormirán
en la misma sepultura.

(Desaparece la sombra.)

ESCENA V

DON JUAN, CENTELLAS, AVELLANEDA

DON JUAN: Tente, doña Inés, espera,
                  y si me amas en verdad,
                  hazme al fin la realidad
3505   distinguir de la quimera.
                  Alguna más duradera
                  señal dame, que segura
                  me pruebe que no es locura
                  lo que imagina mi afán,
3510   para que baje don Juan
                  tranquilo a la sepultura.
                  Mas ya me irrita, por Dios,
                  el verme siempre burlado,
                  corriendo desatentado°   wildly
3515   siempre de sombras en pos.
                  ¡Oh! Tal vez todo esto ha sido
                  por estos dos preparado,
                  y mientras se ha ejecutado,
                  su privación° han fingido.°   fainting, faked
3520   ¡Mas, por Dios, que si es así,
                  se han de acordar de don Juan!
                  ¡Eh! don Rafael, capitán.
                  Ya basta: alzaos de ahí.

                  (Don Juan mueve a Centellas y a
                  Avellaneda, que se levantan como quien
                  vuelve de un profundo sueño.)

CENTELLAS: ¿Quién va?
DON JUAN: Levantad.
AVELLANEDA: ¿Qué pasa?
                  ¡Hola, sois vos!
3525 CENTELLAS: ¿Dónde estamos?
DON JUAN: Caballeros, claros vamos.
                  Yo os he traído a mi casa
                  y temo que a ella al venir,
                  con 'artificio apostado,°   previously planned
3530   habéis sin duda pensado
                  a costa mía reír;

	mas basta ya de ficción	
	y concluid de una vez.	
CENTELLAS:	Yo no os entiendo.	
AVELLANEDA:	¡Pardiez!	
	Tampoco yo.	
3535 DON JUAN:	En conclusión,	
	¿nada habéis visto ni oído?	

AVELLANEDA
y CENTELLAS: ¿De qué?
DON JUAN: No finjáis ya más.
CENTELLAS: Yo no he fingido jamás,
                 señor don Juan.
DON JUAN: ¡Habrá sido
3540   realidad! ¿Contra Tenorio
                 las piedras se han animado,
                 y su vida han acotado°   limited
                 con plazo tan perentorio?
                 Hablad, pues, por compasión.
3545 CENTELLAS: ¡Voto va Dios! ¡Ya comprendo
                 lo que pretendéis!
DON JUAN: Pretendo
                 que me deis una razón
                 de lo que ha pasado aquí,
                 señores, o juro a Dios
3550   que os haré ver a los dos
                 que no hay quien me burle a mí.
CENTELLAS: Pues ya que os formalizáis,°   you get serious
                 don Juan, sabed que sospecho
                 que vos la burla habéis hecho
                 de nosotros.
3555 DON JUAN: ¡Me insultáis!
CENTELLAS: No, por Dios; mas si cerrado
                 seguís en que aquí han venido
                 fantasmas, lo sucedido
                 oíd cómo me he explicado.
3560   Yo he perdido aquí del todo
                 los sentidos, sin exceso
                 de ninguna especie,° y eso   kind
                 lo entiendo yo de este modo.
DON JUAN: A ver, decídmelo pues.
3565 CENTELLAS: Vos habéis compuesto° el vino,   mixed
                 semejante desatino°   folly
                 para encajarnos° después.[7]   make us believe

[7] Hyperbaton: "... para después encajarnos semejante desatino."

DON JUAN:	¡Centellas!
CENTELLAS:	Vuestro valor
	al extremo por mostrar,[8]
3570		convidasteis a cenar
	con vos al Comendador.
	Y para poder decir
	que a vuestro convite exótico
	asistió, con un narcótico
3575		nos habéis hecho dormir.
	Si es broma, puede pasar,
	mas a ese extremo llevada,
	ni puede probarnos nada,
	ni os la hemos de tolerar.
3580	AVELLANEDA:	Soy de la misma opinión.
DON JUAN:	¡Mentís!
CENTELLAS:	Vos.
DON JUAN:	Vos, capitán.
CENTELLAS:	Esa palabra, don Juan…
DON JUAN:	La he dicho de corazón.
	Mentís; no son a mis bríos
3585		menester° falsos portentos,° need, presages
	porque tienen mis alientos
	su mejor prueba en ser míos.
AVELLANEDA	
y CENTELLAS:	Veamos. *(Ponen mano a sus espadas.)*
DON JUAN:	Poned a tasa° contain
	vuestra furia y vamos fuera,
3590		no piense después cualquiera
	que os asesiné en mi casa.
AVELLANEDA:	Decís bien…, mas somos dos.
CENTELLAS:	Reñiremos, si os fiáis,
	el uno del otro en pos.
3595	DON JUAN:	O los dos, como queráis.
CENTELLAS:	¡Villano fuera, por Dios!
	Elegid uno, don Juan,
	por primero.
DON JUAN:	Sedlo vos.
CENTELLAS:	Vamos.
DON JUAN:	Vamos, capitán.

FIN DEL ACTO SEGUNDO

---

[8] Another case of hyperbaton: "… por mostrar vuestro valor al extremo …."

Acto Tercero

MISERICORDIA DE DIOS
Y APOTEOSIS DE AMOR

Panteón° de la familia Tenorio. Como estaba en el acto primero   mausoleum
de la segunda parte, menos las estatuas de doña Inés y de don
Gonzalo, que no están en su lugar.

ESCENA PRIMERA

DON JUAN, *embozado y distraído, entra en la escena lentamente.*

3600	DON JUAN:	Culpa mía no fue: delirio insano
		me enajenó la mente acalorada.
		Necesitaba víctimas mi mano
		que inmolar a mi fe desesperada,
		y al verlos en mitad de mi camino
3605		presa° les hice allí de mi locura.
		¡No fui yo, vive Dios! ¡Fue su destino!
		Sabían mi destreza y mi ventura.
		¡Oh! Arrebatado° el corazón me siento
		por vértigo infernal…, mi alma perdida
3610		va cruzando el desierto de la vida
		cual hoja seca que arrebata el viento.
		Dudo…, temo…, vacilo…, en mi cabeza
		siento arder un volcán…, muevo la planta°
		sin voluntad, y humilla mi grandeza
3615		un no sé qué de grande que me espanta.

(Un momento de pausa.)

	¡Jamás mi orgullo concibió que hubiere
	nada más que el valor…! Que se aniquila
	el alma con el cuerpo cuando muere
	creí…, mas hoy mi corazón vacila.
3620	¡Jamás creí en fantasmas…! ¡Desvaríos!
	Mas del fantasma aquel, pese a mi aliento,
	los pies de piedra caminando siento

Glosses: captive · captivated · sole (i.e. foot)

por doquiera que voy, tras de los míos.
¡Oh! Y me trae a este sitio irresistible
misterioso poder…

(Levanta la cabeza y ve que no está en el
pedestal la estatua de don Gonzalo.)

3625   ¡Pero qué veo!
Falta de allí su estatua…! Sueño horrible,
déjame de una vez… No, te creo.
Sal, huye de mi mente fascinada,
fatídica° ilusión…, estás en vano   ill-fated
3630   con pueriles asombros empeñada
en agotar° mi aliento sobrehumano.   to exhaust
Si todo es ilusión, mentido sueño,
nadie me ha de aterrar con trampantojos; °   tricks
si es realidad, querer es necio empeño
3635   aplacar° de los cielos los enojos.[1]   to appease
No; sueño o realidad, del todo anhelo
vencerle o que me venza; y si piadoso
busca tal vez mi corazón el cielo,
que le busque más franco y generoso.
3640   La efigie de esa tumba me ha invitado
a venir a buscar prueba más cierta
de la verdad en que dudé obstinado…
Heme aquí, pues: Comendador, despierta.

(Llama al sepulcro del Comendador. Este
sepulcro se cambia en una mesa que parodia
horriblemente la mesa en que cenaron en el acto
anterior don Juan, Centellas y Avellaneda. En
vez de las guirnaldas que cogían en pabellones
sus manteles, de sus flores y lujoso servicio,
culebras, huesos y fuego, etc. (A gusto del
pintor.) Encima de esta mesa aparece un plato
de ceniza,° una copa de fuego y un reló de arena.   ash
Al cambiarse este sepulcro, todos las demás se
abren y dejan paso a las osamentas° de las   skeletons
personas que se suponen enterradas en ellos,
envueltas en sus sudarios. Sombras, espectros y

---

[1] Hyperbaton: "… querer aplacar los enojos de los cielos es necio empeño."

espíritus pueblan el fondo de la escena. La tumba
de doña Inés permanece.)

ESCENA II

DON JUAN, LA ESTATUA DE DON GONZALO, LAS SOMBRAS

ESTATUA:	Aquí me tienes, don Juan,
3645	y he aquí que vienen conmigo
	los que tu eterno castigo
	de Dios reclamando están.
DON JUAN:	¡Jesús!
ESTATUA:	¿Y de qué te alteras,
	si nada hay que a ti te asombre,
3650	y para hacerte eres hombre
	platos con sus calaveras?
DON JUAN:	¡Ay de mi!
ESTATUA:	¿Qué? ¿El corazón
	te desmaya?
DON JUAN:	No lo sé;
	concibo que me engañé:
3655	no son sueños... ¡ellos son!

(Mirando a los espectros.)

	Pavor jamás conocido	
	el alma fiera me asalta,	
	y aunque el valor no me falta,	
	me va faltando el sentido.	
3660	ESTATUA:	Eso es, don Juan, que se va
		concluyendo tu existencia,
		y el plazo de tu sentencia
		está cumpliéndose ya.
	DON JUAN:	¿Qué dices?
	DON GONZALO:	Lo que hace poco
3665		que doña Inés te avisó,
		lo que te he avisado yo,
		y lo que olvidaste loco.
		Mas el festín° que me has dado feast
		debo volverte, y así
3670		llega, don Juan, que yo aquí
		cubierto te he preparado.

DON JUAN:	¿Y qué es lo que ahí me das?	
DON GONZALO:	Aquí fuego, allí ceniza.	
DON JUAN:	El cabello° se me eriza.°	hair, bristles

3675 ESTATUA: Te doy lo que tú serás.

DON JUAN: ¡Fuego y ceniza he de ser!

ESTATUA: Cual los que ves en redor:
             en eso para el valor,
             la juventud y el poder.

3680 DON JUAN: Ceniza, bien; ¡pero fuego!

DON GONZALO: El de la ira omnipotente
             do arderás eternamente
             por tu desenfreno° ciego.   debauchery

DON JUAN: ¿Conque hay otra vida más
3685   y otro mundo que el de aquí?
             ¿Conque es verdad, ¡ay de mí!,
             lo que no creí jamás?
             ¡Fatal verdad que me hiela
             la sangre en el corazón!
3690   Verdad que mi perdición
             solamente me revela.
             ¿Y ese reló?

DON GONZALO: Es la medida
             de tu tiempo.

DON JUAN: ¡Expira ya!

ESTATUA: Sí: en cada grano se va
3695   un instante de tu vida.

DON JUAN: ¿Y ésos me quedan no más?

ESTATUA: Sí.

DON JUAN: ¡Injusto Dios! Tu poder
             me haces ahora conocer
             cuando tiempo no me das
             de arrepentirme.°   repent

3700 ESTATUA: Don Juan,
             un punto de contrición
             da a un alma la salvación,
             y ese punto aún te le dan…

DON JUAN: ¡Imposible! ¡En un momento
3705   borrar treinta años malditos
             de crímenes y delitos!

ESTATUA: Aprovéchale con tiento,

(Tocan a muerto.)[2]
porque el plazo va a expirar.
y las campanas doblando
3710   por ti están, y están cavando°   digging
la fosa° en que te han de echar.   grave

(Se oye a lo lejos el oficio de difuntos.[3])

DON JUAN: ¿Conque por mi doblan?
DON GONZALO: Sí.
DON JUAN: ¿Y esos cantos funerales?
ESTATUA: Los salmos penitenciales,
3715   que están cantando por ti.

*(Se ve pasar por la izquierda luz de
hachones, y rezan dentro.)*

DON JUAN: ¿Y aquel entierro° que pasa?   funeral
DON GONZALO: Es el tuyo.
DON JUAN: ¡Muerto yo!
DON GONZALO: El capitán te mató
a la puerta de tu casa.
3720 DON JUAN: Tarde la luz de la fe
penetra en mi corazón,
pues crímenes mi razón
a su luz tan sólo ve.
Los ve…y con horrible afán,
3725   porque al ver su multitud
ve a Dios en la plenitud
de su ira contra don Juan.
¡Ah! Por doquiera que fui
la razón atropellé,
3730   la virtud escarnecí
y a la justicia burlé,
y emponzoñé° cuanto vi.   ruined
Yo a las cabañas bajé,
y a los palacios subí,
3735   y los claustros escalé;
pues tal mi vida fue,

[2] The church bells ring for a funeral.
[3] The Service for the Dead is heard in the background.

no, no hay perdón para mí.
Mas ¡ah! estáis todavía *(A los fantasmas.)*
con quietud tan pertinaz!°   persistent
3740   Dejadme morir en paz
a solas con mi agonía.
Mas con esa horrenda calma,
¿qué me auguráis, sombras fieras?
¿Qué esperan de mí?

(A la estatua de Don Gonzalo.)

ESTATUA: Que mueras,
3745   para llevarse tu alma.
Y adiós, don Juan; ya tu vida
toca a su fin, y pues vano
todo fue, dame la mano
en señal de despedida.
3750   DON JUAN: ¿Muéstrasme ahora amistad?
ESTATUA: Sí; que injusto fui contigo,
y Dios me manda tu amigo
volver a la eternidad.
DON JUAN: Toma, pues.
DON GONZALO: Ahora, don Juan,
3755   pues desperdicias° también   waste
el momento que te dan,
conmigo al infierno ven.
DON JUAN: ¡Aparta, piedra fingida!
Suelta, suéltame esa mano,
3760   que aun queda el último grano
en el reló de mi vida.
Suéltala, que si es verdad
que un punto de contrición
da a un alma la salvación
3765   de toda una eternidad,
Yo, Santo Dios, creo en Ti;
si es mi maldad inaudita,°   monstruous
tu piedad es infinita…
¡Señor, ten piedad de mí!
ESTATUA: Ya es tarde.

(Don Juan se hinca de rodillas, tendiendo°   reaching up
al cielo la mano que le deja libre la estatua.
Las sombras, esqueletos, etc., van a abalanzarse°   swoop down

*sobre él, en cuyo momento se abre la tumba de
doña Inés y aparece ésta. Doña Inés toma la
mano que don Juan tiende al cielo.)*

ESCENA III

DON JUAN, LA ESTATUA DE DON GONZALO,
DOÑA INÉS, SOMBRAS, *etc.*

3770	DOÑA INÉS:	¡No! Heme ya aquí,
		don Juan; mi mano asegura
		esta mano que a la altura
		tendió tu contrito° afán,	*contrite*
		y Dios perdona a don Juan
3775		al pie de mi sepultura.
	DON JUAN:	¡Dios clemente! ¡Doña Inés!
	DOÑA INÉS:	Fantasmas, desvaneceos:
		su fe nos salva…, volveos
		a vuestros sepulcros pues.
3780		La voluntad de Dios es:
		de mi alma con la amargura
		purifiqué su alma impura,
		y Dios concedió a mi afán
		la salvación de don Juan
3785		al pie de la sepultura.
	DON JUAN:	¡Inés de mi corazón!
	DOÑA INÉS:	Yo mi alma he dado por ti
		y Dios te otorga° por mí	*grants*
		tu dudosa salvación.
3790		Misterio es que en comprensión
		no cabe de criatura,
		y sólo en vida más pura
		los justos comprenderán
		que el amor salvó a don Juan
3795		al pie de la sepultura.
		Cesad, cantos funerales;

(Cesa la música y salmodias.°) — *psalm chants*

callad, mortuorias campanas;

(Dejan de tocar a muerto.)
ocupad, sombras livianas,

vuestras urnas sepulcrales;

(Vuelven los esqueletos a sus tumbas,
que se cierran.)

3800   volved a los pedestales,
        animadas esculturas;

(Vuelven las estatuas a sus lugares.)

        y las celestes venturas
        en que los justos están
        empiecen para don Juan
3805   en las mismas sepulturas.

(Las flores se abren y dan paso a varios
angelitos que rodean° a doña Inés y a don   surround
Juan, derramando sobre ellos flores y perfumes,
y al son de la música dulce y lejana se ilumina
el teatro con luz de aurora. Doña Inés cae sobre
un lecho de flores, que quedará a la vista, en lugar
de su tumba, que desaparece.)

ESCENA ÚLTIMA

DON JUAN, DOÑA INÉS, LOS ANGELES

DON JUAN: ¡Clemente Dios, gloria a Ti!
                 Mañana a los sevillanos
                 aterrará° el creer que a manos   it will strike fear
                 de mis víctimas caí.
3810   Mas es justo; quede aquí
                 al universo notorio
                 que, pues me abre el purgatorio
                 un punto de penitencia,
                 es el Dios de la clemencia
3815   el Dios DE DON JUAN TENORIO.

(Cae don Juan a los pies de doña Inés, y mueren
ambos. De sus bocas salen sus almas representadas
en dos brillantes llamas, que se pierden en el espacio al
son de la música. Cae el telón.)

FIN DEL DRAMA

Spanish-English Glossary

These definitions in English refer specifically to the usage of the words in *Don Juan Tenorio*, many of which have additional meanings and lexical nuances which do not apply here.

A

abalanzarse (sobre) to swoop down (upon)
abasto supply
abismo abyss
abonar to defend, support
aborto miscarriage; abortion
abrasar to burn
absorto amazed
acabar to finish; end up
acalorado excited, worked up
acelerarse to quicken
acercarse to come near
acertar to manage to, succeed
acomodarse to make do
acongojado anguished
acontecer to happen
acoquinar to terrify
achacar to attribute
acotar to limit
acreedor creditor
acuciar to prod
acudir to go
admirar to surprise
adormecer to put to sleep, to calm
adquirir to acquire
advertir to warn
afán labor, toil; determination, eagerness, urge; confusion; worry
agitar to stir
agotar to exhaust
agradar to please
aguardar to await

ahorcar to hang
ahorrar to save
ajeno of another; distant, beyond
ala wing
alabar to praise
alargar to extend
albricias congratulations
alcaide jail warden
alcanzar to reach; to grasp
alcázar fortified palace
aldabada door knock
aldabonazo loud door knock
alga seaweed
aliento breath; inspiration; courage
alguacil watchman
alma soul
altanero arrogant
alterar(se) to alarm; to become upset (refl.)
altivo high-standing, noble
alucinar to dazzle
alumbrar to light
alzar(se) to raise; to rise up(refl.)
amargo bitter
amargura bitterness
amedrentar to frighten
ameno pleasant
amo master
amorío love affair
amparo help
amueblado furnished
amuleto amulet
anchura vastness

anclado anchored
anhelo desire
anhelar to long for
ánima soul; **las ánimas** church bells for prayers for souls in purgatory
aniquilar to annihilate, to destroy
anochecer dusk
añejo old
animar to animate, bring to life
antesala foyer
antifaz face or eye mask
antojarse(le) a uno to feel like doing something
antojo whim
anzuelo bait
apagar to extinguish
apalabrar to put to words, write
apalear to beat
apelar a to call to, appeal to
apenado grief-stricken
apenas barely
aplacar to placate, appease
aplomo aplomb, self-confidence
aposento room
apostar to bet (on)
apoteosis apotheosis, exaltation
aprestar prepare
aprisa quickly
aprontar to deliver quickly
apretura jam, fix
apuesta bet
ara altar
aragonés from the province of Aragon
arder to burn
ardid ruse; trick
aridez dryness; dullness
arquilla small chest
arrancar to pull off or out
arrastrar to drag
arrebatado captivated; carried away
arredrarse to be daunted
arreglar to fix, to arrange
arremolinar to mill about
arrepentirse to repent of
arrimar to pull up
arriesgar to risk

arrojarse to throw oneself off or at something
arrostrar to face
asaltar to storm
asegurarse to make sure
asentimiento assent
asomarse (a) to look out of
asombrar to frighten
astucia cunning
atar to stop; to cut off or down
atar to tie
ataúd coffin
aterrar to terrify
atesorar to treasure
atreverse to dare
atrevido bold
atropellar to violate, to misuse; to trample
audaz daring
augurar to augur, foretell
aura air; atmosphere
avaro greedy
avenirse to go along
aventajarse to outdo
avergonzar to shame
avilantez villany
aviso notice
azar fortune, chance

B
bajeza base act; lowliness
bala bullet
bandolero bandit
barca small boat
barquichuelo wretched small boat
barquilla small boat
bastar to be enough
bastidor stage wing
batir to duel
bergante villain
bergantín brig(antine)
bizarro valient
blanca old copper coin
blasonar to boast
boato show, pomp
bodega wine cellar

bogar to row
bolsillo pocket; purse
bondad goodness
borrar to erase
bote row boat
bribón scoundrel
brindar to make a toast
brío spirit, vigor
brisa breeze
bromazo practical joke
brotar to issue forth from
bulla hubbub
bullicio uproar
bulto shape
burlar to mock, to trick

C
cabal faultless
cabaña hut
cabello hair
caber to fit
cabizbaja crestfallen; downhearted
calabrés from Calabria
calavera rake
calentura fever
cáliz bud
calleja alley
campana bell
campanada bell toll
canicular canicular, dog-day
capricho whim
caprichoso wilful
carcajada laugh, guffaw
cárcel prison
carestía lack of means
cargar to load
caridad charity
castigo punishment
caudal estate
cautela caution, care
cauteloso wary, cautious
cavar to dig
celda cell
celosía window shutter
ceniza ash
ceñirse to gird (a sword)

centuplicadas multiplied a hundredfold
cercano near
cercar to enclose, surround
cerradura lock
cerrojo bolt
certeza certainty
certero accurate
cerviz nape of neck
chanza joke, jest
chasco trick
chispa spark
chist hush!
chusco droll
chusma mob
cinto belt
cincel chisel
clarear to grow light
claustro cloister
coco boogeyman
codicia greed
colocarse to get in place
complacer to please
componerse to deal with
concha sea shell
conque so
consagrarse to devote oneself to
consentir to consent, to agree to
conserje caretaker
contorno contour
contrición contrition, regret
contrito contrite
convenido agreed upon, planned
convenir to be suitable or convenient
convidar to invite
convite banquet
copa tree-top
cordera lamb
cordura sanity
corriente ready
costumbre custom
cotejar to compare
criar to create; bring up
cuadrar to suit
cuadro scene
cuba cask
cubierto place setting

cuchitril dump
cuerdamente wisely
cuidadoso careful
culebra snake
cuna cradle
cumplirse to be carried out

D
daño harm
delatar to inform on; to give away
delirar to be delirious
delito crime
denuesto insult
desposorio wedding
derramar to pour; to shower
derredor around
desafío duel
desairar to snub, deflate
desalmado disturbed
desamparado helpless
desasosiego uneasiness
desatentado wildly; thoughtlessly
desatino folly
desatinado crazy
descubrirse to take off one's hat
descuidar to not worry
desdichado wretched
desechar to cast or toss aside
desenfreno debauchery
desfallecer to faint
desgarrado shameless
desgraciarse to disgrace oneself
deshacer to undo
desheredar to disinherit
desmán outrage
desmayado fainted
desmayarse to faint, swoon
despachar to dismiss
despedida parting
despejo clear-headedness
desperdiciar to waste
desprecio contempt
desprender to come from, fall from
destreza skill
desvanecer to clear, vanish
desvaríos imbalances

desventura misfortune
devaneo delirium
devastadora devastating
diablo devil
diestro skilful, cunning
difunto dead
dilación delay
dispensar to forgive
disponer to prepare to
distraerse to get distracted
distraído distracted, absent-minded
do where (old form of **donde**)
dobla doubloon
doblar to ring, toll
doquiera wherever
doncel youth
doncella maiden
doquier(a) wherever
dorar to gild; to sugar coat
dueño owner
duradero lasting

E
echar menos to miss; lack
efigie effigy, image
embalsamado perfumed
embellecer to embellish, beautify
embozado wrapped up to the ears
empeñado determined
empeñarse to be determined to do
  something
empeñado(en) engaged in; determined
  to
empeño pledge
emponzoñar to ruin, poison
emprender to undertake
empresa undertaking
enajenar to befuddle, enrapture
enajenamiento rapture
encadenado chained
encajar to capture, box in
encanto spell
encararse to face
encarcelado imprisoned
encargado commissioned
encargo order

encerrado enclosed, shut in
encomendado entrusted
enderezar to smooth
endiablado diabolical
engañar to trick, deceive
engendrar to sow, engender
enjaulado caged
enlace match, connection
enlodar to sully
enmarascados masked people
enojar to anger
enojo anger; annoyance
enramada bower
enredo scheme
enredar to get tangled up
ensueño day-dream
enterrado buried
enterrar to bury
entierro funeral
entrambos both
entregar to give, hand over
envenenar to poison
enverjado iron fence
envidiar to envy
envite start; stake
envuelto wrapped; bundled up
erizar to bristle, stand on end
escalar to climb
escarnecer to mock
esclavo slave
escocer to wound, hurt
escribano clerk
escultor sculptor
escurrir to scurry away
esgrimido brandished
esmerarse to take great pains
espadachine swashbuckler
espantar to frighten
espantoso fearful
especie kind
espectro phantom
espeso thick
esquivo deceitful
estafar to swindle
estallar to burst
estocada sword thrust

estorbar to hinder
estorbo impediment
estrago havoc
estrecho narrow
estrechez strictness
estremecerse to tremble
estremecido trembling
estribar to be based on; to originate in
estrellar to burst; to fail on
estropicio racket
evadirse to evade, to escape from
expirar to expire, to pass out
extremado notable, admirable
extremo deed, act

F
fallido failed
fantasma ghost
fatídico fatidical, ill-fated
faz face
fe faith; **a fe** in truth
febril febrile, feverish
feriar to treat
festín feast
fiarse to trust
fiera wild, furious; beast
figurarse to imagine
filtro potion
fingido pretended
fondo bottom; **a fondo** in depth
forastero outsider
forjar to forge
formalizarse to get serious
fortaleza strength
franco open, clear; sincere
franquear unlock
frenesí frenzy
freno bridle
frescura freshness
fuero legal priviledge
fugaz fleeting
fulgor brilliance
fundarse to base on

G
gacela gazelle

galán handsome
galanteo gallantry
galopo ruffian
ganar to reach
garboso generous
garganta throat
garza heron
gasto expense
gozar to enjoy
gracia charm
grano grain
grito shout
guardapiés petticoat
guarismo figure
guirnalda garland

H
habitar to live
hachón large torch
halagar to please
hallar to find
harapo rag
harto enough
hazaña feat
helar to freeze
hembra woman
herir to wound
hermoseado decorated
hidalgo gentile, noble
hidalguía gentility, nobility
hiel frost
hincarse de rodillas to kneel
hoguera bonfire
hoja sheet
homilía homily
hondo deep
hostería inn
huella track
huésped guest
huir to flee
humedecer to wet
humillar to bow, bend; to humiliate; to
    humble
humo smoke
hundir to sink

I
ignorar to lack knowledge
ilusorio illusory, imaginary
imán magnet
impío impious, unbelieving
inaudito unheard of
incendio fire
indagar to look into
infamarse to disgrace oneself
infame infamous
infante prince
inferir to infer
inmolar to immolate, kill
inmutado altered
insano insane
insensato fool(ish)
insigne illustrious
intemperie conditions (weather)
ira anger

J
jarro pitcher
jurar to swear
juventud youth
juzgar to judge

L
lamer to lick
lance wager
largarse to leave
leal loyal
lecho bed
legua league
lenguaraz big talker
libertinaje licentiousness
lid fight
ligero light
lirio lily
liviandad lewdness
llama flame
llorón weeping willow
locura madness
lograr to achieve; to get, manage
losa gravestone
luego (que) after
lujo luxury

M

maldad evilness, badness
maldito accursed
malgastar to waste
malhumorado bad-tempered
malvado wicked
mancebo young fellow
mancha stain
manchar to stain
manecilla clasp
maniatar to handcuff
manojo bunch of keys
manso gentle
maña cleverness
mantel table-cloth
marchar to leave
mareíllo dizzy spell
mareo dizziness
mármol marble
matadero slaughterhouse
matador killer, assassin
medida measure
meditar to think on
medrar to prosper, grow
menearse to stir oneself, get going
menester need
menguado final(adj.); fool(n.)
menguar to diminish
mentir to lie
mercader merchant
merecer to deserve
misericordia mercy
mofar to mock
molido beat, worn out
moneda coin
morador dweller
morar to dwell
mortaja death shroud
mortuorio of the dead
mozo young man
mundano worldly
muralla wall
murmurar to gossip

N

necio fool

nido nest
notorio notorious, known
novicia novice

O

obispo bishop
obra work
obrar to act, work
ocultamente secretly
ocultar to hide
olivar olive grove
opulento opulent, wealthy
oratorio oratory, chapel or place for
  prayer
orgullo pride
orilla bank
osadía audacity
osado bold
osamenta skeleton
osar to dare
otorgar to give, grant

P

padecer to suffer
paloma dove
parar to stop; end up
pared wall
partido game, match
partir to leave
pasmar to stun, amaze
paso footstep
patrulla patrol
pavor dread
pedazo piece
pender to depend
peña boulder
pendencia brawl
pendiente hanging
perentorio urgent
pertinaz dogged
pesado wearisome
pesadumbre sorrow
pesar (v.)to weigh; (n.)regret
piadoso merciful
piel skin
pieza piece; room

pisada footstep
pista track
pistoletazo pistol shot
placer (v.) to please;(n.) pleasure
planta sole of foot
plática chat; spat
plazo space of time
plegar to fold
pleito lawsuit
poblar to cover; to inhabit
portarse to behave
portento presage
portería front gate
porvenir future
pos after
posarse to land, alight
postrarse to prostrate oneself; bend, bow
postrero last
postrimer last
postura position
precaver guard against
precipitadamente quickly
prender to catch fire
preso arrested
pretender to attempt
prez honor, worth
prieto tightly closed
prior parson
procurar to try
pródigo lavish
profanación profanation, sacrilege
prueba proof, test
pueril puerile, childish
pulir carve
punto instant; **en un punto** immediately

Q
quedar to remain
quejarse to complain
quietud calmness
quilate carat
quimera apparition
quimerista visionary
quinta villa

R
ráfaga gust of wind
raíz root
rajar to slice
reacio reluctant
rebosar to overflow
recado materials, here for writing
recaer to fall back to
recelar to fear
recinto site
recio hard
reclamar (v.) to claim, call for; (n.) lure
recoger(se) to collect; to retire to bed
recorrer to run
recortar to cut out
rechinar to squeak
red net
redor round about
reja iron grating (at window)
reirse to laugh
rematar to end up, tie up
remitir to refer to
remero rower
remo oar
rendimiento allegiance
rendirse to give up
renombre renown
reñir to fight
reojo de reojo suspiciously
reparo qualm
repentino sudden
reponer to restore
reportarse to control oneself
reposar to repose, rest
reprender to reprehend, scold
reprimir to repress, curb
res head of cattle
resplandor ray
resquicio slight chance
retirarse to leave
retrato portrait
revancha return, exchange
revelar to reveal
revuelto stirred up
rezar to pray
rezo prayer

ribera river bank
rigor rigor, severity
riña quarrel
risueño pleasant
rocío dew
rodilla knee **de rodillas** on one's knees
ronda patrol
rostro face
ruin low, base; wretched
ruiseñor nightingale

S
saciar to saciate, satisfy
sacrílego sacreligious
sagrado sacred
salmo psalm
salmodía psalm chants
sangriento bloody; savage
semblante face
semilla seed
seña sign
señal signal
señalar to signal, indicate
sendero path
sepulcro sepulchre, tomb
seso brain
sencillo simple, uncomplicated
sinrazón injustice
sitiar surround
soberano sovereign; magnificient
soberbio superb
sobrado more than enough
solar plot of land
soledad solitude
soler to tend to
solicitud solicitude, request
soltar to let out or let go
sombrío gloomy
son sound
soñar to dream
soplar to blow; (fig.) to rob from someone
sorbido drawn to
sosiego calm, peace
suceder to happen
sucintamente succinctly, briefly

sudario burial shroud
suelto loose
sujetar to hold or tie up
sumar to add
sumirse submerge, plunge
sumo utmost
suplicar to beg
suplicio torment
suprimir to omit, spare
suspiro sigh
sutil subtle; fine, delicate
sutileza deftness

T
tachar to cross off
tajo slash
talante manner
tallo stem
tapada veiled woman
tapar to cover, gag
tapia enclosing wall
temblar to tremble
temer to fear
temerario recklessly
temor fear
tenaz tenacious
tender to spread
teñir to change color
tentador tempting
término end; boundary
ternura tenderness
terquedad stubborness
testigo witness
tiento care
tierno tender
timbre accomplishment of glory; distinguishing symbol on family crest
tino wit
tinta tint
tiro shot
topar to run into
topo blind
torbellino whirlwind
torcer to turn
torpe clumsy; difficult
torpeza blunder

tragar to swallow
traidor treachorous (adj.); traitor (n.)
trajinar to bustle about
trampantojo trick (of the eye), deception
trasto utensil
tregua truce
trinar to warble
trocar to transform
tropel throng
truhán rascal
turbar to bother

U
ufanar to boast
unirse to join
usurero usurer, money-lender

V
vacilar to waver
vacío empty
vaivén motion, beat
valor bravery; worth
velar to watch over

velero fast-sailing
vencer to defeat
veneno poison
venidero future
ventura luck, fortune
vergel garden
verja iron grating
vértigo vertigo; fit of madness
vianda food
viciar to viciate, violate
vil vile, base
virtud virtue
volar to fly
voraz voracious
voto vow
vulgo people

Y
yacer to lie

CPSIA information can be obtained
at www.ICGtesting.com
Printed in the USA
LVHW010002170723
752607LV00004B/498

9 781589 770188